Unter den Adepten und Rosenkreuzern

Dr. Franz Hartmann

Verlag Heliakon

Verlag Heliakon

Umschlaggestaltung: Verlag Heliakon

Druck und Vertrieb: BoD - Books on Demand, Norderstedt

ISBN: **978-3-943208-16-0**

2013 Verlag Heliakon
www.verlag-heliakon.de
info@verlag-heliakon.de

Die Deutsche Nationalbibliothek verzeichnet diese Publikation in der Deutschen Nationalbibliografie; detaillierte bibliografische Daten sind im Internet über www.dnb.de abrufbar.

Inhaltsverzeichnis

I. Teil

Unter den Adepten des Himalaja

II. Teil

Unter den Rosenkreuzern und christlichen Mystikern

Vorbemerkung

„Ein halbes Wissen ist ein sehr gefährlich Ding".

H. P. Blavatsky sagt: „Ihr habt kein Recht, der unwissenden Menge die Geheimnisse der okkulten Wissenschaft an den Kopf zu werfen; denn da sie deren Gesetze nicht kennt, so würde sie dadurch nur noch tiefer in den Aberglauben versinken." Auch hat sie selbst es bitter bereut, in diesen Dingen zu offenherzig gewesen zu sein, und hatte wohl Ursache, am Ende ihres Lebens auszurufen: „Wir waren leider die Ersten, die von solchen Dingen sprachen und der Öffentlichkeit die Tatsache preisgaben, dass es im Osten Adepten und Meister der okkulten Wissenschaft gibt; auf uns ist nun das Karma, die Folgen der dadurch entstandenen Entwürdigung heiliger Namen und Dinge, gefallen".[1)]

Wenn ich trotz dieser Erfahrungen es wage, dem Drängen vieler meiner Freunde nachzugeben, und in diesen Fortsetzungen meiner „Denkwürdigen Erinnerungen" von Dingen rede, die ich lieber für mich behalten hätte, so geschieht das sicherlich nicht zu dem Zwecke, um irgendeinen Skeptiker an die Existenz der Adepten glauben zu machen, und am allerwenigsten suche ich damit irgendetwas zu *beweisen,* sondern es ist nur meine Absicht, nachdem über diese Dinge bereits soviel verkehrte Anschauungen in die Öffentlichkeit gedrungen sind, das bereits bekannt Gewordene zu beleuchten, und die, denen es nicht nur um die Befriedigung der Neugierde, sondern um die Erkenntnis der Wahrheit zu tun ist, auf die richtige Spur zu bringen.

Auch nehme ich aus demselben Grunde keinen Anstand mehr, die Porträts dieser viel genannten Adepten den Lesern zugänglich zu machen. Die Originale der Bilder wurden von Hermann Schmiechen in London gemalt und werden von den meisten Mitgliedern der „Theosophischen Gesellschaft" als Hei-

1)„Schlüssel zur Theosophie"

ligtümer verehrt. Inwiefern der Maler sich bei ihrer Herstellung auf seine Intuition verließ, und ob er hierbei die Fantasie zu Hilfe nahm, kann ich nicht wissen; ich habe aber guten Grund, zu versichern, dass die Porträts den Originalen sehr ähnlich sind.

Ich habe für diese erhabenen, edlen und weisen Menschen die höchste Achtung und Verehrung und bin ihnen zum größten Danke verpflichtet; aber gerade deshalb fühle ich mich gedrängt, dazu beizutragen, dass sie nicht zum Gegenstande eines abergläubischen Götzendienstes gemacht, sondern ihre Lehren verstanden werden. Es ist den Meistern nicht darum zu tun, sich als Wundertäter anbeten zu lassen, sondern ihre Lehre ist vielmehr, dass jeder Mensch in seinem Inneren ein Tempel des wahren Erlösers ist; oder, um es („Ein jeder such' in sich der Freiheit Gut“ (*Edwin Arnold, „Die Leuchte Asiens“ VIII.*), in den Worten dieser Lehrer selbst auszudrücken: „Der beste Meister, den ein Mensch finden kann, ist sein eigenes sechstes Prinzip (Buddhi), festgewurzelt im siebenten (Atma)“. H. P. Blavatsky fügt hinzu: „Wer andere dazu anleitet, den Meister in sich selbst zu finden, der ist ein Erlöser.“ In diesem Sinne sind die Adepten Erlöser der Welt. Diese Lehre von dem Suchen und Finden des Erlösers in uns selbst, ist natürlich nicht so aufzufassen, als ob die äußerlichen Meister überflüssig wären, und ein Mensch, der den wahren Erlöser noch nicht in seinem Herzen gefunden hat, sein eigener Meister wäre. Die Selbstbeherrschung ist eine schwer zu erringende Kunst, die nur der wahren Selbsterkenntnis entspringt, und diese Selbsterkenntnis besitzt niemand, der nicht seinem Selbstwahn entsagt und im Lichte der Weisheit das wahre Selbst, den Herrn und Meister, in seinem Inneren erkennt. Wenn die folgenden Blätter dazu beitragen, das klar zu machen, so haben sie ihren Zweck erfüllt.

I. Teil
Unter den Adepten des Himalaja

E. M. Morya

Helena Petrowna Blavatsky und ihre Meister

So habe ich gehört:

Alle, die H. P. Blavatsky in ihrer Jugend gekannt haben, stimmen darin überein, dass sie schon damals eine „sonderbare Heilige“ war. Sie war ein Kind der Natur; sie lebte in der Natur, und die Natur lebte in ihr.

Schon von frühester Jugend an hatte sie die seltene Begabung, mit klarem Blick in das Innere der Natur zu sehen und Geheimnisse zu schauen, die für gewöhnliche Menschenaugen unsichtbar sind.

Da diese Blätter nicht für die geschrieben sind, die von solchen Dingen noch nichts wissen und die Erzählungen von den „Geistern der Natur“ für Lügen halten, weil sie sich einbilden, dass es in unserer Welt keine anderen Geschöpfe als die alltäglich sichtbaren geben könne, so brauchen wir auch nicht erst um Entschuldigung zu bitten, wenn wir diese Dinge erwähnen, und nehmen es als bekannt an, dass es in unserer materiellen Welt noch andere übersinnliche und geistige Daseinszustände oder „Pläne“ gibt, deren Bewohner nur für die sichtbar sind, die die Fähigkeit haben, sie zu sehen.

Blavatsky hatte diese Fähigkeit im hohen Grade und verkehrte als Kind mit diesen als *Gnomen, Sylphen, Undinen* und *Salamander* bezeichneten Wesen geradeso, als ob sie ihres Gleichen gewesen wären; ja sie wunderte sich darüber, dass nicht jedermann diese ihre Gespielen und Kameraden sehen konnte.

In dem Werke von Sinnett finden sich eine Menge von Anekdoten darüber, und manches wurde mir von ihrer Schwester, der Madame Jellihofsky, erzählt, aber das *Astralsehen* ist heutzutage kein außergewöhnliches Ding, und wer sich dafür interessiert, der findet genug Berichte darüber in der spiritistischen und okkulten Literatur.

Dennoch wollen wir ein paar typische Fälle als Beispiele anführen.[1)]

Madame Jellihofsky sagt: „Die ganze Natur war für H. P. Blavatsky nichts Totes oder Mechanisches, sondern ein lebendiges, durchgeistetes Wesen. Als Kind war sie das sonderbarste Geschöpf, in dem zwei Naturen deutlich ausgeprägt waren, gleichsam als ob zwei Wesen in einem einzigen Körper wohnten. Das eine war eigensinnig, boshaft und herrschsüchtig, das andere mystisch und metaphysisch angelegt, so wie die Seherin von Prevorst. Ihre Fantasie, d. h. das, was wir damals für *Fantasie* hielten, war ungemein stark entwickelt. Stundenlang erzählte sie uns oft die wunderbarsten und unglaublichsten Geschichten, mit einer Sicherheit und Überzeugung, als ob sie das alles wirklich erlebt hätte, und es war auch kein Zweifel möglich, dass sie das, was sie zu sehen vorgab, auch wirklich sah.

Obgleich sie als Kind schon in allem furchtlos und mutig war, so erschrak sie doch oft heftig über Erscheinungen, die sie hatte. Sie versicherte, dass sie von etwas verfolgt werde, was sie *jene schrecklichen, leuchtenden Augen* nannte. Bei solchen Gelegenheiten hielt sie die Augen zu und schrie so, dass das ganze Haus zusammenlief. Andere Male wurde sie gleichsam von Lachkrämpfen befallen und erklärte das durch die Späße, die ihre unsichtbaren Gefährten trieben. Sie sah diese in jeder dunklen Ecke, in jedem Strauch des Parkes und in den öden Sälen unseres Schlosses. Obgleich alle Türen stets verschlossen waren, fand man Helene doch oftmals mitten in der Nacht in diesen dunklen Gemächern in einem halb bewusstlosen Zustande, gleich dem einer Schlafwandlerin, und sie konnte selbst nicht angeben, wie sie dorthin gekommen war. Mitunter fand man sie auf dem Speicher im Tauben-

1) Die in diesem Kapitel enthaltenen Anekdoten aus Blavatskys Jugendzeit wurden mir teils von Blavatsky selbst, teils von ihrer Schwester, Madame Jellihofsky, mitgeteilt, teils sind sie dem Werke von A. P. Sinnett über das Leben von H. P. Blavatsky entnommen. Vergl. „Lotusblüten" Jahrg. 1893: „H. P. Blavatsky, die Sphinx des neunzehnten Jahrhunderts".

schlag, und andere Male in der zoologischen Sammlung unserer Großmutter, und alle die Tiere waren für sie lebendig und erzählten ihr ihre Erlebnisse. Für sie gab es keinen leblosen Raum. Alles war für sie lebendig, ja sogar die Steine und der Sand am Meere. Alles hatte für sie ein innerliches Leben, das für die äußere Welt ein Geheimnis ist.

Manchmal machten wir Ausflüge auf einen Landstrich, der in alten Zeiten einmal Seeboden gewesen war. Man fand da oft Muscheln und versteinerte Überreste von Seetieren. Aus solchen Überbleibseln las Helene deren Geschichten, und sie tat das mit einer solchen Begeisterung, dass man das, was sie erzählte, selbst mitzuerleben glaubte. Wunderbar lautete ihre Beschreibung der Seeungeheuer, deren Formen sie in den Sand zeichnete. Sie beschrieb deren Kämpfe, die vielleicht vor Jahrtausenden gerade dort stattgefunden hatten, wo wir uns lagerten. Sie beschrieb das Meer mit seinen dunkelblauen Wogen, den Meeresboden mit seiner grotesken Pflanzenwelt, die Korallenriffe und Wassertiere, sodass sie alle ihre Zuhörer mit sich fortriss.

Es braucht kaum versichert zu werden, dass sie niemals von der Wiederverkörperung gehört hatte. In unserer höchst christlich-orthodoxen Familie hätte von so etwas nie die Rede sein dürfen. Dennoch wusste sie von dergleichen Dingen genug zu erzählen. Da war z. B. in unserem Museum ein langbeiniger ausgestopfter Flamingo.

Dieser war, so behauptete sie, vor vielen Jahren ein Mensch gewesen; aber er hatte viele große Verbrechen und einen Mord begangen, weshalb seine Seele wieder zum tierischen Dasein hinuntersank und in diesem Flamingo ihren Aufenthalt nahm.

Die, die die Kunst der *Psychometrie* und die Reinkarnation verstehen, werden diese Dinge erklärlich finden und sie nicht der leeren Fantasie zuschreiben, selbst wenn die Fantasie dabei eine Rolle spielt. Auch sind eine Menge von Tatsachen vorhanden, die bezeugen, dass das, was sie hellsehend schaute, auch wirklich vorhanden war. Wir wählen unter den verschiedenen Beispielen Folgendes:

Im Jahre 1858 wurde nicht weit vom Wohnorte von Madame Blavatskys Schwester ein Mann in einer Branntweinschenke ermordet gefunden. Der Täter war unbekannt, und der Polizeikommissar des Distriktes kam nach dem Dorfe, um Erkundigungen einzuziehen. Bei dieser Gelegenheit machte er einen Besuch bei Blavatskys Vater, und dieser schlug ihm vor, den Versuch zu machen, durch Helenes okkulte Kräfte dem Mörder auf die Spur zu kommen. Der Kommissar war ein Skeptiker und machte Witze über diesen Vorschlag. Dadurch wurde die Kleine gereizt, ihn zu beschämen, und sie teilte ihm Folgendes mit:

„Während Sie hier Unsinn reden, ist der Täter, der Samoylo Ivanow heißt, bereits vor Tagesanbruch über die Grenze Ihres Distriktes entwischt und befindet sich jetzt im Hause eines Bauern namens Andreas Vlassow, in dem Orte Oreschkino, wo er sich auf dem Heuboden versteckt hat. Wenn Sie gleich hingehen, werden Sie ihn erwischen.

Samoylo Ivanow ist ein alter beurlaubter Soldat. Er war betrunken und hatte Streit mit seinem Opfer. Der Totschlag war nicht vorüberlegt; es ist ein Unglück und kein Verbrechen."

Kaum hörte der Kommissar diese Worte, so stürmte er fort, und am nächsten Morgen kam ein Bote mit der Nachricht, dass in dem über dreißig Meilen entfernten Dorfe Oreschkino der beurlaubte Soldat Samoylo Ivanow in dem Hause des Bauern Andreas Vlassow, gerade so wie es Helene beschrieben hatte, auf dem Heuboden versteckt aufgefunden worden wäre und die Tat eingestanden hätte.

Diese Probe von Hellsehen hatte übrigens für ihren Vater einige Unannehmlichkeiten zur Folge, denn die Polizei in St. Petersburg wollte durchaus wissen, wie es käme, dass die junge Dame das alles so genau gewusst hätte, und da die Polizei nicht an Hellsehen glaubte und mit den gegebenen Erklärungen nicht zufrieden war, so blieb dem Vater nichts anderes übrig, als sie auf jene Weise zu beruhigen, die unter den russischen Beamten stets wirksam war.

H. P. Blavatsky hatte eine äußerst sensitive Natur, und sie war bis zu ihrem fünfundzwanzigsten Jahre ein bewundernswürdiges *Medium.* In ihrer Gegenwart trugen sich alle die erstaunlichen Phänomene zu, die denen, die sich mit Spiritismus beschäftigen, hinlänglich bekannt sind, und die wir nicht weiter zu erwähnen brauchen, da über dergleichen Dinge bereits eine höchst umfangreiche Literatur existiert.

Aber während die spiritistischen Medien sich bei solchen Gelegenheiten ganz passiv verhalten und diese Phänomene nicht selbst verursachen, sondern sie vermittelst ihres Organismus, durch Kräfte oder Wesen, die ihnen selbst in der Regel unbekannt sind, hervorbringen lassen, kannte Blavatsky die dabei wirkenden Kräfte und konnte dergleichen Phänomene willkürlich und nach Belieben hervorbringen. In früher Jugend war sie ein Werkzeug dieser *Geister,* später erlangte sie die Macht über dieselben, und diese *Geister,* wenn wir sie so nennen wollen, wurden ihre Werkzeuge.

Das war nur dadurch möglich, dass sie die Fähigkeit hatte, sie zu sehen.

So konnte sie z. B. das bekannte *Geisterklopfen* nach Belieben und ohne irgendwelche äußerlichen Mittel, durch ihre eigene Willenskraft hervorbringen und auf diese Weise ihre *Geister* Mitteilungen nach dem Alphabet *ausklopfen* lassen. Die Klopftöne ertönten dort, wo sie es wollte. Für eine Dame, die sehr skeptisch war und hämische Bemerkungen machte, brachte sie diese Klopftöne an der Goldfüllung von deren Zähnen zuwege, was sicher für sie überzeugend genug war. Hunderte von solchen Anekdoten könnten angeführt werden.

Sie brachte diese Klopftöne, nach ihrer eigenen Angabe, auf zweierlei Arten hervor. Die Erste bestand darin, dass sie sich völlig passiv verhielt und die sogenannten *Geister* d. h. die geist- und hirnlosen Elementarwesen nach Belieben durch ihren Organismus wirken ließ. Diese spiegelten dann mehr oder weniger getreu die Gedanken der Anwesenden wieder oder folgten instinktiv den Empfindungen und Gedanken, die sie in Blavatskys Innerem fanden. Die andere Art bestand darin, dass sie sich innerlich sammelte und mit geschlossenen Augen im Astrallichte die Gedankenströmung aufsuchte, die den echten Eindruck irgendeiner bestimmten und bekannten verstorbenen Persönlichkeit enthielt. Sie identifizierte sich mit dieser Strömung (oder, wie man zu sagen pflegt, sie ging in den Geist des Verstorbenen ein) und ließ dann die Worte, die sie sich selbst aus diesen Gedanken gebildet hatte, durch die Klopftöne ausbuchstabieren. Wenn z. B. der *Klopfgeist* sich als Shakespeare ankündigte, so war das nicht in Wirklichkeit dessen verstorbene Person, noch auch sein zurückgebliebener Schatten, sondern nur das Echo seiner unsterblichen Gedanken, die im Astrallichte gleichsam kristallisiert waren. Ihr eigenes Gehirn fotografierte, sozusagen, das, was sie mit ihrem geistigen Auge sah, bildete es in Worte, und durch ihren Willen wurde es in Klopftönen buchstabiert.

Der vernünftige Leser wird nun vielleicht fragen, weshalb sie diese Klopferei nötig hatte, da sie doch auf eine viel einfachere Weise diese Gedanken hätte aussprechen oder niederschreiben können; aber er vergisst dabei, dass nicht Blavatsky, sondern die Zuschauer diese Klopftöne haben wollen. Ein orthodoxer Geistergläubiger kümmert sich nicht um das, was ihm ein lebendiger Mensch sagt. Wird es aber angeblich durch den Geist eines Verstorbenen *ausgeklopft,* so ist er zufrieden. Alle Versicherungen und Beweise Helenes, dass sie das selbst tue, halfen nichts; man wollte durchaus, dass es die Geister Verstorbener sein sollten. Die Welt will nicht betrogen sein, aber sie liebt es, sich selbst zu betrügen.

Dass Blavatsky nicht schon mit einer vollkommenen Kenntnis der Naturgesetze geboren wurde, ist begreiflich, und es ist daher euch nicht zu verwundern, dass sie in ihrer Jugend, während ihrer mediumistischen Entwicklung Schöpfungen ihrer eigenen, unbewusst arbeitenden geistigen Wahrnehmung und Einbildungskraft für Erscheinungen verstorbener Menschen hielt, wie folgender Vorfall beweist.

Helene von Hahn (Blavatsky) hatte eine entfernte Verwandte aus Deutschland gehabt, diese aber niemals gekannt, da sie schon, als Helene noch in der Wiege lag, aus Russland verschwunden war. Niemand wusste wohin; es hieß nur, dass sie irgendwo im Auslande gestorben sei. Eines Tages aber erschien ihr der Geist dieser Verwandten und teilte ihr mit, wo und wann und unter welchen Umständen sie gestorben sei. Der Geist gab den Namen des Pfarrers an, der die Leichenrede gehalten hatte und den Text der Predigt. Tag für Tag kam diese Verwandte und beschrieb ihre Freuden im Himmel und ihre Seligkeit. Viele Bogen wurden mit diesen Mitteilungen ausgefüllt, manche wurden mit *direkter Geisterschrift* geschrieben.

Unter diesen befand sich auch die Kopie einer Bittschrift, die vor vielen Jahren einmal nach St. Petersburg gesandt worden war. Ein Vetter, der dorthin reiste, erhielt die Erlaubnis, in den Archiven nachzusehen, und fand das betreffende Original. Es stimmte genau mit der Kopie überein; die Handschrift war dieselbe und sogar ein Tintenklecks auf dem Original war auf der Kopie getreulich nachgebildet.

Die Beweise der Identität des Geistes waren so überzeugend, dass kein Spiritist sich hätte bessere wünschen können. Selbst der eingefleischteste Zweifler hätte da nichts zu erwidern gehabt. Zum Überflusse kam auch noch der Geist des Sohnes dieser Verwandten, klagte sich an, Selbstmord begangen zu haben, schilderte in ergreifenden Worten seinen Zustand im Fegefeuer und bat um Gebet.

Aber zum Unglück für die Richtigkeit dieser Geistertheorie kam damals ein Vetter Helenes, ein junger Kavallerieoffizier nach Ekaterinoslaw, und sein Regiment schlug in der Nähe des Ortes, wo Helene wohnte, ihr Lager auf. Diese besuchte ihren Vetter in seinem Zelte, und indem sie nach Kinderart in seinen Effekten herumstöberte, fiel ihr ein Porträt in die Hände. Beim Anblicke desselben stieß sie einen Schrei aus.

„Was gibt es?", fragte der Leutnant.

„Was es gibt!", antwortete Helene. „Hier ist das Porträt von ..., deren Geist mich seit Monaten täglich besucht.“

Da fing der Vetter an zu lachen und sprach: „Du bist ja närrisch! Das ist ja das Porträt meiner Tante, die gar nicht ans Sterben denkt. Sie freut sich ihres Lebens in Dresden und strickt dort an ihrem Strumpf.“

Und so war es auch. Die Tante lebte, und ihr Sohn lebte auch, und was an der Selbstmordgeschichte wahr war, das ist, dass er einmal den Versuch gemacht hatte, sich zu erschießen, aber sich nur unbedeutend verletzt hatte, und nachdem er längst wieder hergestellt worden war, eine einträgliche Stelle in einem Kaufhause in London innehatte. In späteren Jahren, nachdem Blavatsky die *Geister* kennengelernt hatte, konnten solche Irrtümer, wie sie sich heute täglich in spiritistischen Kreisen ereignen, bei ihr nicht mehr vorkommen.

Alles Obige ist dazu bestimmt anzudeuten, dass es im Menschen verborgene Kräfte gibt, die noch nicht jedermann kennt; dass das Geisterreich oder die Seele der Welt mit dem Geiste des Menschen und seiner psychischen Natur im innigsten Zusammenhange stehen, dass Helene Petrowna Blavatsky eine seltsame Person und in der Astralwelt, oder dem sogenannten *Geisterreich*, ebenso zu Hause war, wie in der sichtbaren physischen Welt. In ihr waren die erwähnten geheimen Kräfte (Wille, Imagination, geistige Wahrnehmung usw.) auf eine ganz außerordentliche Weise entwickelt. Gedanken waren für sie Dinge, die sie, wie in einem offenen Buche, in der Aura (oder Geistessphäre) dessen, der sie dachte, lesen konnte.

Die *übersinnlichen* Bewohner der *übersinnlichen* Welt waren für sie sichtbar und leibhaftig. Sie verkehrte mit ihnen schon in frühester Jugend und geriet als Kind oft in Ärger, wenn ihre Gouvernante das Dasein eines buckligen Zwerges, der ihr Spielgenosse war, nicht anerkennen wollte, weil sie nicht die Fähigkeit hatte, ihn mit leiblichen Augen zu sehen. In späteren Jahren beherrschte sie durch die Kraft ihres Geistes diese geistlosen

Wesen, welche in Ermangelung eines passenderen Ausdrucks noch immer als *Geister* bezeichnet werden.

Aber auch schon in ihrer Jugend bestand ihr Verkehr nicht allein in dem Umgange mit Astralbildern, Spukerscheinungen, Kobolden, Elementarwesen u. dgl., sondern es machte sich schon frühzeitig der Einfluss höherer Wesen, die wirklich Geist und Intelligenz besaßen, bemerkbar. Man sagt, dass jedes Kind einen Schutzengel besitze.

Dieser ist in der Regel unsichtbar; aber Helene schien ganz ungewöhnliche Schutzengel zu haben, die sie nicht nur unsichtbar bewachten und beschützten und aus mancher großen Gefahr retteten, sondern mit ihr verkehrten und sogar auch für andere Menschen sichtbar und greifbar wurden, und was das Merkwürdigste dabei ist, diese *Schutzengel* waren gar keine luftigen Geister, sondern lebendige Menschen, die, wenn sie auch in weiter Ferne von ihr lebten, dennoch die Macht hatten, nicht nur *im Geiste*, sondern auch leiblich bei ihr zu sein.

Das wird nun für manche Leser höchst unwahrscheinlich und unglaublich klingen, besonders aber für die, die glauben, dass das ganze Wesen des Menschen in seinem grobmateriellen Organismus bestehe, und nicht einsehen können, dass der physische Körper des Menschen nur gleichsam das Haus ist, das der eigentliche Mensch während seines Daseins auf dieser physischen Erscheinungswelt bewohnt; dass er außer diesem Organismus noch einen feineren ätherischen Leib besitzt, und dass er, wenn er einmal zur richtigen Erkenntnis seines geistigen Daseins gelangt ist, aus dem physischen Körper ebenso gut herausgehen kann wie die Schnecke aus dem Haus.

Für die, die nicht nur die physische, sondern auch die metaphysische Beschaffenheit des menschlichen Organismus kennen, hat diese Behauptung durchaus nichts Unglaubliches. Auch ist bereits über diese Dinge soviel von Du Prel und andern geschrieben worden, dass eine Kenntnis davon, als zur allgemeinen Bildung gehörend, vorausgesetzt werden darf.

Dass der *Astralkörper* oder *Doppelgänger* aus dem physischen Körper unter gewissen Umständen austreten und sich von ihm entfernen kann, ist eine so bekannte Tatsache, dass es sich nicht der Mühe lohnt, mit denen, die nichts davon wissen, zu streiten. Der Astralkörper ist dann gewöhnlich ohne Intelligenz und handelt wie ein Schlafwandler oder Träumender; aber es gibt auch Menschen, die es in ihrer Macht haben, mit Selbstbewusstsein und Intelligenz außerhalb ihres physischen Körpers, in ihrem Astralkörper, zu erscheinen. Das ist die eine Art, durch die solche Erscheinungen erklärlich gemacht werden können.

Aber es gibt noch eine andere Art, um in die Ferne zu wirken. Außer dem Astralkörper kennt die okkulte Philosophie noch einen geistigen Leib, oder *Gedankenkörper,* im Indischen *Mayavi-Rupa* genannt, der noch weniger materiell als der *ätherische* oder *Astralkörper* ist. Jeder Mensch, der darauf bezügliche Versuche gemacht hat, weiß, dass er seine Gedanken in einem Augenblicke in die weiteste Ferne senden und durch sie auf andere Menschen einwirken kann, vorausgesetzt, dass diese hierfür empfänglich sind. Der Gedanke, den ein Mensch aussendet, ist ein Teil seiner selbst, er wird nicht vom Menschen getrennt und geht nicht verloren, ebenso wenig als ein von der Sonne ausgehender Lichtstrahl von ihr getrennt wird oder verloren geht.

Dort, wo ein Mensch sich hindenkt, da ist er in seinen Gedanken. Es handelt sich nur darum, dass er zugleich mit seinen Gedanken auch sein Bewusstsein dorthin versetzen kann; dann ist er in Wirklichkeit dort. Der Grund, weshalb das möglich ist, besteht darin, dass es im Geistigen überhaupt weder Raum noch Entfernung nach unseren Begriffen gibt. Der Geist Gottes im Weltall ist nur ein einziger und allgegenwärtig. Und nun sein Bewusstsein dahin und dorthin in die Ferne zu versetzen, dazu muss der Mensch in diesem Geiste Gottes zum Selbstbewusstsein gekommen sein. Ein solcher Mensch ist ein *Initiierter* (Eingeweihter), ein *Erleuchteter* oder *Adept.* Solche Menschen waren die Lehrer oder Meister von H. P. Blavatsky, und schon als Kind ihre *Schutzengel.*

Mit diesen Meistern stand H. P. Blavatsky ihr Leben lang in Verbindung und erhielt durch sie ihren Unterricht. Tatsächlich können viele ihrer Werke als von den Meistern inspiriert oder geschrieben betrachtet werden; nicht so, wie ein spiritistisches Medium von einem *Geiste,* den es vielleicht gar nicht einmal kennt, als gedankenloses Werkzeug benutzt wird, sondern so, wie ein Lehrer seinen Schüler bei seinen Arbeiten unterstützt. Auch darf man sich diesen geistigen Verkehr zwischen dem Meister und dem Jünger nicht als einen nur äußerlichen oder objektiven vorstellen. Je mehr die beiden in Seelenübereinstimmung sind, um so mehr sind sie tatsächlich *ein Herz und ein Gedanke*. Der Jünger, vom Geiste des Meisters erfüllt, empfindet sich selbst als den Meister; er ist Eins mit ihm, und es ist kein Unterschied mehr zwischen den beiden während dieser liebevollen Vereinigung. Wer soll dann noch unterscheiden, was der Meister und was der Jünger gedacht oder geschrieben hat?

E. M. Kout Humi

Die Nichterkenntnis dieses Gesetzes hat viel Anlass zu törichtem Kaffeeklatsch, Missverständnissen und Beschuldigungen von H. P. Blavatsky und anderen gegeben, und schließlich zu einer Trennung unter den Mitgliedern der Theosophischen Gesellschaft geführt.

Man empfindet die Gegenwart des Meisters so, wie man die Gegenwart Gottes in seinem Innern empfindet; aber wer kann das wissenschaftlich einem andern beweisen, und wer kann zwischen dem, was in ihm selbst göttlicher und menschlicher Natur ist, unterscheiden, als der, der das Göttliche erkannt hat und durch die Kraft der Selbsterkenntnis zu dieser Fähigkeit der Unterscheidung gelangt ist?

Helene wuchs auf, von einem Heer von wechselnden Erscheinungen aus der sogenannten *Geisterwelt* umgeben; aber unter diesen machte sich eine Erscheinung bemerkbar, die sich sehr oft zeigte. Es war das ein Indier von imponierendem Äußern, mit durchdringendem Blick, kein *Geist* eines Verstorbenen, sondern die *Astralform* ihres in Tibet lebenden Lehrers, Meisters und Beschützers, den sie später in Person kennenlernte. Das erste Mal, dass sie ihn in seinem physischen Körper sah, war während eines Besuches in Paris, wohin er als Mitglied einer tibetanischen Gesandtschaft gekommen war.

Sie erkannte ihn sogleich und wollte sich ihm nähern; aber er winkte ihr ab. Erst viele Jahre später traf sie mit ihm persönlich in Tibet zusammen. Er war es, der sie von ihrer *Mediumschaft* befreite und sie lehrte, anstatt diesen niederen *Geistern* zu gehorchen, durch die Kraft ihres magischen Willens selber Herr über sie zu sein.

Dass dieser Meister ein Adept und Yogi war und Kräfte besaß, die man nicht anders als magische oder göttliche bezeichnen kann, geht aus den Erzählungen von seinen Handlungen hervor, deren Zeugen nicht nur H. P. Blavatsky, sondern auch viele andere Menschen waren, worunter ich selbst. Einzelne von dergleichen Tatsachen sind in Blavatskys Buch *In den Höhlen und Dschungeln*

Hindostans [1)] in der Form eines Romans beschrieben, in dem der Meister unter dem Namen Gulab-Lal-Sing eingeführt ist; unter den Theosophieschülern wird er „Mahatma Morya“ genannt; sein wirklicher Name ist aber nur Eingeweihten bekannt. Er ist in dem betreffenden Werke richtig beschrieben als ein Mann von ungewöhnlicher Größe, reich und unabhängig, in die Geheimnisse der Magie und Alchemie eingeweiht, und ein Mensch, den niemand als Betrüger zu verdächtigen wagte, *um so weniger, als er trotz seines umfassenden Wissens öffentlich nie ein Wort über diese Dinge sprach und seine Kenntnisse, außer vor wenigen guten Freunden, sorgfältig verborgen hielt*. Obgleich er als ein Mann von vielleicht vierzig Jahren erscheint, wird von den Eingeweihten behauptet, dass er schon mehr als dreihundert Jahre in seiner jetzigen Inkarnation zugebracht habe; aber hierüber kann ich kein Urteil abgeben und ziehe es überhaupt vor, über verschiedene ähnliche Dinge zu schweigen, die zwar denen, die mit der indischen Yoga-Philosophie vertraut sind, natürlich genug erscheinen, für die man aber in Europa noch wenig Verständnis besitzt.

Alle aber, die solche Dinge unglaublich, unmöglich und lächerlich finden, möchte ich darauf aufmerksam machen, dass die Erleuchteten aller Nationen darüber einig sind, dass, wenn der Mensch in Wahrheit sich selbst und die in ihm schlummernden Kräfte kennen würde, er auch wirklich wissen würde, dass er der Herr der Schöpfung ist, und zwar in einem viel tieferen Sinne, als das gewöhnlich aufgefasst wird, nicht ein Wesen, das sich durch äußerliche physische Gewalt und infolge seines Intellekts äußerlich zum Herrn über andere Geschöpfe macht, sondern ein himmlisches Wesen, das durch die ihm innewohnende Geisteskraft alle niedriger stehenden Wesen und die ganze Natur beherrscht, insofern als es das Gesetz des Karma (das Gesetz der Gerechtigkeit) gestattet.

Der Weise Patanschali, der ungefähr 500 Jahre vor der christlichen Zeitrechnung lebte, hat in seinen *Yoga-Aphorismen* die Kräfte eines solchen wiedergeborenen Menschen beschrieben.

1) Leipzig 1899.

Es gehört dazu die Fähigkeit, in den Zustand von Samadhi (Allbewusstsein) einzugehen, die Vergangenheit und Zukunft zu kennen, die Menschen geistig zu durchschauen und ihre Gedanken zu lesen wie ein offenes Buch, in die weiteste Ferne zu schauen und sein Bewusstsein an einen beliebigen Ort innerhalb unseres Planetensystems zu versetzen, sich geistig in einen anderen Menschen zu versenken und von dessen Organismus Besitz zu ergreifen, seinen Körper nach Belieben leicht, schwer oder auch unsichtbar zu machen, die Elemente zu beherrschen, und noch vieles andere. Ich finde es aber durchaus nicht wünschenswert, dass über diese Dinge viel gesprochen oder geschrieben wird, da das niemand etwas nützen kann, der diese Kräfte nicht hat, und auch niemand den ersten Schritt zu ihrer Erlangung tun will, der die innerliche Heiligung ist, ohne die jeder weitere Schritt vergeblich oder höchst nachteilig ist. Denn für den Unreinen ist die Eröffnung der heiligen Mysterien und deren daraus entspringende Entwürdigung der sicherste Weg zur Hölle. Auch würde eine solche Veröffentlichung unter den Unverständigen dem Aberglauben und der Narrheit Tor und Türe öffnen, weshalb denn auch diese und die folgenden Blätter nur für die Verständigen geschrieben sind.

Außer dem Adepten, von dem oben die Rede war, stand H. P. Blavatsky schon von frühester Jugend an mit noch einem anderen Meister in Verbindung, der in der theosophischen Literatur später als „Mahatma Kut Humi“ bekannt wurde. Die Namen Morya und Kut Humi sind bereits in den Puranas (Vischnu Purana, Buch IV, Kap. 4 und 24 und Buch III, Kap. 6) als die Namen von Rischis (Weltweise) und indischen Herrschern erwähnt. Von den Moryas, aus dem Geschlechte der Rajputs, wird darin gesagt, dass sie dazu bestimmt seien, die Kschatriya - (Krieger-)Rasse wieder aufzurichten, was natürlich im esoterischen Sinne, als Streiter für Wahrheit und Licht, aufzufassen ist.

Nun ist von vielen gefragt worden, und wird noch recht oft gefragt werden: „Wenn die Adepten die Herrschaft der Wahrheit auf Erden wieder herstellen wollen, weshalb suchten sie sich dazu eine unbekannte Frauensperson aus? Weshalb wählten sie nicht zu ihrem Vertreter irgendeine Person von großer wissenschaftlicher Berühmtheit, irgendeine Autorität, der man in den Kreisen der Gelehrten unbedingten Glauben geschenkt hätte? Wäre nicht ein Max Müller, ein angesehener Universitätsprofessor, vielleicht auch ein Erzbischof von Canterbury, oder am Ende gar der Papst besser geeignet gewesen, sich Gehör zu verschaffen? Wie kann etwas Gutes aus Nazareth kommen?"

Man könnte dagegen fragen: „Wie kommt es, dass Gott gerade aus Jakob Böhme einen Mystiker machte, da dieser doch nur ein Schuster war?" oder: „Weshalb hat er sich seine Heiligen und Propheten nicht immer unter den Doktoren und Professoren und Autoritäten dieser Welt ausgesucht?" Der Grund, weshalb H. P. Blavatsky die Mission übertragen wurde, die Geheimlehre der Welt zu verkünden, ist, dass sie dazu tauglich war. Sie besaß gerade jene seltene psychische Organisation, die nötig war, um diese seelische Verbindung zwischen ihr und den Adepten möglich zu machen. Das aber lässt sich dadurch erklären, dass die Individualität, die in der Person von Blavatsky verkörpert war, schon lange, ehe Blavatsky geboren wurde, ein Schüler und Geistesverwandter jener Adepten und Mitglied ihres geistigen Kreises war; mit anderen Worten, in der Person von Blavatsky war ein Jünger der Meister (ein „Chela") verkörpert, der bereits die zur Erfüllung seiner Mission nötigen psychischen Fähigkeiten besaß und in dem physischen Organismus von Blavatsky das geeignete Werkzeug zur Ausführung seines Vorhabens fand. Hierzu brauchte Blavatsky persönlich weder berühmt, noch gelehrt, noch eine Heilige zu sein, wohl aber musste sie Verstand und Willenskraft besitzen, und diese besaß sie auch in ungewöhnlichem Grade.

In der Persönlichkeit eines jeden von uns ist eine geistige Individualität inkarniert, ein höheres Ich, das Talente und Eigenschaften besitzt, die es in seinem früheren Dasein erworben hat. Deshalb kommt es auch täglich vor, dass ein Mensch in seinem Innern viel mehr Erkenntnis hat, als er persönlich besitzt, und die Intuition eines Menschen besteht gerade darin, dass das, was er geistig weiß und erkennt, zu seinem persönlichen Bewusstsein gelangt. Wer in seinem früheren Leben ein großer Arzt, Künstler, Musiker, Okkultist usw. war, der wird im nächsten Leben als ein geborener Arzt, geborener Künstler usw. wieder auf der Bühne des Lebens erscheinen.

Ebenso entwickelten sich in der Person von Blavatsky nach und nach die Talente und Eigenschaften, die sich ihre Individualität in einem früheren Leben erworben hatte. Sie war eine Abgesandte der Meister, und ihre Verbindung mit diesen hörte, solange sie lebte, nicht auf.

Auch beschränkte sich der Einfluss dieser und anderer hier nicht erwähnter Adepten nicht nur auf H. P. Blavatsky, sondern wurde auch anderen Personen, besonders jenen zuteil, die mit Blavatsky in Verbindung standen, und von denen zu erwarten war, dass sie ihr in ihrem Werke hilfreich beistehen könnten. Manche von diesen, wie z. B. Col. Olcott und Damodar K. Mavalankar, trafen sogar mit diesen Meistern persönlich zusammen. Manche traten mit ihnen in geistige Verbindung, aber nur wenige waren fähig, sie dauernd zu erhalten; bei den meisten regte sich schon nach kurzer Zeit der Eigendünkel, Größenwahn und die Sucht nach Selbstverherrlichung und Herrschsucht, wodurch das Erhabene und Heilige zurückgestoßen und diese Verbindung unwirksam gemacht wurde. Viele Beispiele hiervon stehen uns zur Verfügung. Ich will davon nur eines, das Folgende, erwähnen: V. S. Solovyow, der ehemalige Busenfreund und spätere Verleumder von H. P. Blavatsky schreibt:[1)]

„Ich schloss meine Türe und ging schlafen. Plötzlich wachte ich auf, oder, was wahrscheinlicher ist, ich träumte oder bildete mir ein, dass ich durch einen warmen Hauch aufgeweckt wurde. Ich befand mich in meinem Zimmer, und vor mir, im Halbdunkel, stand eine hohe, in Weiß gekleidete menschliche Gestalt. Ich fühlte eine Stimme, die mir, ich weiß nicht wie, oder in welcher Sprache,

1) „A Modern Priest of Isis" S 79.

gebot, das Licht anzuzünden. Ich war nicht im geringsten erschrocken oder überrascht. Ich zündete die Kerze an und sah nach meiner Uhr. Es war zwei Uhr. Die Erscheinung verschwand nicht. Vor mir stand ein lebender Mensch, und dieser Mensch war augenscheinlich kein anderer als das Original des wunderbaren Porträts, das ich gesehen hatte; ein genaues Ebenbild desselben. Er setzte sich auf einen Stuhl neben mich und sprach zu mir in einer mir unbekannten, aber dennoch verständlichen Sprache, von verschiedenen Angelegenheiten, die mich betrafen. Unter anderem sagte er mir, dass, um die Fähigkeit zu erlangen, ihn in seinem Astralkörper zu sehen, ich durch gewisse Vorbereitungen hätte gehen müssen, und dass ich große magnetische Kraft besäße. Ich fragte ihn, wie ich diese anwenden sollte; aber da war er verschwunden. Ich dachte, dass ich ihm nachsprang, aber die Türe war verschlossen. Die Idee kam mir, dass es eine Halluzination gewesen sei, und dass ich verrückt würde; aber da war Mahatma Morya wieder an derselben Stelle; er bewegte sich nicht; er hielt seinen Blick auf mich gerichtet, geradeso, wie es auf mein Gehirn beeindruckt war. Er schüttelte sein Haupt und sprach in derselben lautlosen eingebildeten Sprache der Träume: „Sei versichert, dass ich keine Halluzination bin, und dass dein Verstand dich nicht verlässt.“ Er verschwand. Ich sah auf meine Uhr, und es war nahezu drei Uhr. Ich löschte das Licht aus und schlief sogleich wieder ein.

Ich erwachte um zehn Uhr und erinnerte mich an alles ganz genau. Die Türe war geschlossen; es war mir unmöglich, der Kerze anzusehen, ob sie während der Nacht gebrannt hatte, da sie schon vorher gebraucht worden war. Im Frühstückszimmer traf ich Miss A. Wir gingen zu Gebhards. Madame Blavatsky begegnete uns und fragte, wie mir schien, mit einem bedeutungsvollen Lächeln: „Nun! Wie haben Sie geschlafen?“

„Sehr gut“, antwortete ich, und fügte gedankenvoll hinzu: „Haben Sie mir nichts zu sagen?“

„Nichts Besonderes“, sagte sie, „ich weiß nur, dass der Meister letzte Nacht bei Ihnen zum Besuche war.“

Oberflächlich urteilende und unerfahrene Menschen werden aus dieser Beschreibung nichts anderes sehen, als dass der Betreffende einen lebhaften Traum hatte; aber ich erblicke darin ein Zeugnis, bis zu welchem Grade die Zweifelsucht den Menschen blind machen kann. Es ist klar, das man das „Traumbild“ (Mayavi-Rupa) eines anderen Menschen nicht anders als mit dem inneren Auge sehen kann. Dass aber dieses Traumbild kein dem eigenen Gehirn entsprungenes war, ist durch die begleitenden Umstände bewiesen.

Ich selbst habe solche Erscheinungen zu wiederholten Malen gesehen. Ich war mehr als einmal zugegen, wenn ein Meister in Blavatskys Zimmer war und mit ihr sprach. Ich konnte ihn aber nicht sehen und musste mir deshalb von Blavatsky Bemerkungen gefallen lassen, und bei anderen Gelegenheiten wurden mir, selbst wenn Blavatsky abwesend war, solche Besuche zuteil, die ich klar und deutlich sah, und von denen mir niemand glauben machen könnte, dass es von mir selbst erzeugte Traumbilder waren. Auch hat es in dieser Beziehung nicht an handgreiflichen Beweisen, die noch jetzt in meinem Besitze sind, gefehlt, und schließlich ist es nichts Außerordentliches, dass man einen Unbekannten im Wachtraume oder im Halbschlummer sieht und dieselbe Person später im Leben persönlich kennenlernt.

Einige von meinen Erfahrungen „mit okkulten Phänomenen“ wurden im Jahre 1884 in der Monatsschrift „The Theosophist“ in Madras veröffentlicht; ich ziehe es aber vor, mich in allem, was die Adepten betrifft, auf das Zeugnis anderer zu berufen, als von mir selbst zu sprechen.

Dem Präsidenten der „Theosophischen Gesellschaft“, H. S. Olcott, erschien einer der Meister in New York, obgleich sich dieser Meister zur selben Zeit persönlich in Asien (Tibet) befand. Die Erscheinung des Adepten sprach mit Olcott, nahm ihren Turban ab, den sie ihm zum Andenken gab, und stets führte Olcott auf seinen Reisen diesen Turban mit sich und zeigte ihn gelegentlich bei seinen Vorträgen. Ob er aber damit irgendeinen Ungläubigen überzeugte, dass es Adepten gebe, das will ich nicht behaupten.

Damodar K. Mavalankar, ein junger Indier, der in Adyar im Hauptquartier der Theosophischen Gesellschaft wohnte, als ich mich dort befand, hatte die Fähigkeit, seinen Körper zu verlassen und in seinem Astralkörper Besuche zu machen. Eines Tages wurde ihm gestattet, auf diese Weise die Wohnung des Meisters Kut Humi zu besuchen, und er berichtet darüber Folgendes:

„Während meiner Anwesenheit in Lahore empfing ich drei Besuche des Meisters in seinem physischen Körper. Jeder dieser Besuche dauerte ungefähr drei Stunden; ich war bei vollem Bewusstsein und einmal ging ich ihm außerhalb des Hauses entgegen.

Er, den ich in Lahore körperlich sah, war derselbe, den ich in Adyar in seinem Astralkörper gesehen hatte, und auch derselbe, den ich in meinen Träumen und Visionen in seinem Hause, Tausende von Meilen entfernt, in meinem Astralkörper besucht hatte.

Bei diesen Astralbesuchen hatte ich ihn, da meine psychischen Kräfte nur erst wenig entwickelt waren, nur in einigermaßen nebelhafter Form gesehen, obgleich seine Gesichtszüge ganz deutlich erkennbar waren, aber nun in Lahore war dies anders. Wenn ich ihn in seiner Astralform berührte, so ging meine Hand durch dieselbe hindurch; aber jetzt berührte sie materielle Kleider und lebendiges Fleisch.

Hier stand ein lebender Mensch vor mir, der die mir bekannten Gesichtszüge hatte, und dessen Porträt ich oft in Madame Blavatskys Besitz gesehen hatte ... In Jummu hatte ich das Glück, dass es mir erlaubt wurde, ihn zu besuchen, und ich blieb dort einige Tage in Gesellschaft verschiedener Mahatmas vom Himalaja und ihrer Jünger..."

Selbstverständlich beweisen diese Erzählungen dem Skeptiker nichts. Es gibt keine Erfahrung, wenn sie auch von Tausenden von Zeugen, die sie gemacht haben, bezeugt werden kann, die nicht die, die sie nicht erfahren haben, ableugnen und zu ihrer Erklärung irgendeine Betrugstheorie erfinden können. Wir leben in einer Welt, in der vieles verkehrt ist. Vieles, was für Betrug oder Sinnestäuschung gehalten wird, ist unverstandene Wahrheit, und vieles, was allgemein für wahr gehalten wird, ist Täuschung oder Betrug.

Niemand kann eine Wahrheit mit Bestimmtheit erkennen, solange er von ihr selbst keine Erfahrung hat. Selbst die eigenen uns innewohnenden Kräfte können wir erst dann erkennen, wenn wir die Fähigkeit erlangt haben, sie zu gebrauchen. Wenn ich von Adepten und okkulten „Phänomenen" spreche, so hat das keinen andern Zweck, als darauf hinzuweisen, dass es noch Dinge gibt, die nicht allgemein bekannt, aber wohl geeignet sind, die Aufmerksamkeit auf eine andere und höhere Art von Naturgesetzen, als die bereits bekannten, zu lenken. Eines der Phänomene, die mich besonders überraschten, war Folgendes:

Am 20. Februar 1884 reiste Blavatsky nach Europa ab. Ich begleitete sie nach Bombay, und nachdem das Schiff abgefahren war, kehrte ich vom Hafen in die Stadt zurück. Ich hatte durch ihre Vermittlung ein gewisses tibetanisches Kleinod mit einer Inschrift in tibetanischer Schrift erhalten, das ich sehr hoch schätzte, und ich nahm mir vor, es beständig bei mir zu tragen. Hierzu bedurfte ich einer kleinen Kette. Ich besuchte ein paar Juwelierläden, konnte aber keine passende goldene Kette finden, und auch eine silberne konnte ich nicht brauchen, da sie bei dem Salzwassergehalt der Luft an der Meeresküste zu leicht Chlorsilber angesetzt hätte. Ich ging in mein Quartier zurück, das aus einem saalähnlichen großen Zimmer bestand, und indem ich darin auf- und abspazierte, kam mir der Gedanke, dass wohl in Ermangelung einer Kette ein seidenes Band das Beste wäre. In demselben Augenblick sah ich etwas vor mir in der Luft flattern. Das Ding fiel mir vor meine Füße, und als ich es aufhob, fand ich, dass es ein rosafarbenes seidenes Band war, nagelneu, von der richtigen Länge, und die Enden waren bereits so gedreht, dass ich weiter nichts zu tun hatte, als das Kleinod daran zu befestigen. Dieses Band war jahrelang in meinem Besitz.

Es wäre ein leichtes, Bände zu füllen mit Erzählungen von „okkulten Phänomenen“, die sich entweder in meiner Gegenwart oder mit anderen ereignet haben; aber nicht nur würden solche Erzählungen nichts beweisen, sondern sie würden am Ende unter einer gewissen Klasse von Leuten den Glauben erwecken, dass ein „Mahatma“ nichts Besseres tun könne, als okkulte Phänomene zu machen, Hokuspokus zu treiben, verlorene Strumpfbänder wiederzubringen, zerbrochene Kaffeetassen zu flicken und dergleichen, was ungefähr ebenso vernünftig wäre, als wenn man glauben wollte, die Lebensaufgabe eines Staatsministers bestehe darin, Champagner zu trinken, oder der Zweck eines Musikdirektors sei es, mit dem Taktstock in der Luft herumzufuchteln, um das Publikum durch gymnastische Übungen in Erstaunen zu versetzen. Es ist nun einmal so in der Welt, dass die Menschen, und vor allem die „Klugen“, stets nur das Oberflächliche sehen.

Das Nebensächliche halten sie für die Hauptsache, das Wesentliche beachten sie nicht. Nichts hat die „Theosophische Gesellschaft“ in den Augen des Publikums so lächerlich gemacht, als das große Geschrei, das die Theosophieschüler wegen ihrer „okkulten Phänomene“ erhoben haben, und ich kann dem Taschenspieler Herrmann nicht böse darüber sein, dass er eine Puppe, die er „Mahatma Kut Humi“ nannte, hundert Abende nacheinander in Philadelphia auf der Bühne erscheinen und den Okkultisten zum Spott Kunststücke aufführen, z. B. eine Taschenuhr „apportieren“ ließ.

Natürlich machte er damit nicht die Adepten, sondern den Unfug, der mit ihren Namen getrieben wurde, lächerlich. Den unverständigen Kritikern und auch den böswilligen Verleumdern von H. P. Blavatsky ist es zu danken, dass ein gesunder Unglaube unter denen Platz griff, die für diese Dinge kein Verständnis hatten und sonst leicht durch ihre Sucht nach dem Wunderbaren in einen krankhaften Mystizismus und Aberglauben verfallen wären.

Ich glaube auch darin das Werk der Meister zu erkennen, die wohl wissen, dass der Zweifel ein notwendiges Mittel ist, um durch eigenes Nachdenken zur Selbsterkenntnis zu kommen und die Bocksprünge einer ungezügelten Fantasie zu mäßigen.

Der große Genius, der durch die Person von Blavatsky offenbar wurde, kann durch kein törichtes Geschwätz berührt werden, und wenn auch Blavatsky persönlich unter den Angriffen des Unverstandes litt, so waren ihre Feinde doch gewissermaßen ihre unfreiwilligen Mitarbeiter, denn sie trugen das Ihre dazu bei, die Welt auf die uralten Lehren der Wahrheit aufmerksam zu machen, und mehr als das hat weder Blavatsky noch irgendeiner ihrer Nachfolger jemals verlangt. Groß ist die Torheit derer, die die Glaubwürdigkeit eines Lehrers verdächtigen, der gar keinen blinden Glauben beansprucht, sondern nichts weiter verlangt, als dass die, die sich für die Lehren der Weisen interessieren, diese selbst prüfen und zur eigenen Anschauung gelangen sollen. Es ist die alte Geschichte: der Kampf der Selbsterkenntnis gegen den Gelehrtendünkel und Autoritätswahn.

Es handelt sich nicht darum, an das Dasein Gottes zu glauben, weil irgendein Mensch, auf dessen Glaubwürdigkeit man sich verlassen zu können meint, behauptet hat, dass es einen Gott gäbe, sondern es sollte jeder darnach streben, selbst und in seiner eigenen Person Gott zu erkennen und selber ein lebendiges und sprechendes Zeugnis für das Dasein Gottes (der Wahrheit) zu sein.

Desgleichen handelt es sich auch nicht darum, in der Fantasie für äußerliche Meister in Tibet oder sonst wo zu schwärmen, oder von diesen besondere Vergünstigungen zu erwarten, sondern die Hauptsache ist, dass jeder seine Aufmerksamkeit darauf richten sollte, dass „Die Wahrheit“ des Meisters in ihm selbst offenbar wird.

Damit ist nicht gemeint, wie das von gewissen Seiten aufgefasst wurde, dass man „die Lehre annehmen und die Lehrer ignorieren solle“. Die Ehrfurcht, die ein Schüler seinem Lehrer entgegenbringt, geht aus der Erkenntnis seiner Lehren hervor. Wer eine Wahrheit verkündet, verdient die höchste Achtung aller Menschen; aber die Respektabilität eines Lehrers beruht auf seiner Erkenntnis der Wahrheit, und nicht die Wahrheit auf des Lehrers Respektabilität.

Solange Blavatsky lebte, hat sie gegen den Autoritätsdünkel gekämpft und versucht, ihren Schülern zu helfen, über ihn hinauszuwachsen und zur Theosophie, d. h. zur Selbsterkenntnis, zu kommen. Sie hat weder ein blindgläubiges Annehmen ihrer Lehren noch der Lehren der Meister verlangt, sondern diese als Probleme zum eigenen Forschen und eigenen Denken hingestellt; aber sie wurde nur von wenigen verstanden, weil die meisten, besonders aber die Gelehrten, kein anderes Wissen kennen, als was aus dem Hörensagen und Autoritätsglauben entspringt, und ihnen die Bezeichnung „Selbsterkenntnis" ein Wort ohne Begriff ist, weil sie selbst keine eigene Erkenntnisfähigkeit haben.

Auch hat man sich über die „Echtheit" ihrer okkulten Phänomene ganz unnötigerweise ereifert, denn es hat sich noch niemals um einen wissenschaftlichen Beweis von deren Echtheit gehandelt, und es hat niemand einen blinden Glauben daran verlangt. Ihr Zweck war, auf die Möglichkeit des Vorhandenseins noch unbekannter Kräfte hinzuweisen und die eigene Forschung anzuregen, und diesen Zweck hätten sie am Ende auch, selbst wenn sie „unecht" gewesen wären, erfüllt.

Tatsächlich zerfielen diese Phänomene in zweierlei Klassen: Erstens in solche, wodurch irgendjemandem, der darum fragte, ein Rat oder eine Lehre erteilt wurde, wozu die „okkulten Briefe" gehören, und zweitens in solche, die gewöhnlich als „physische Manifestationen" (Glockengeklingel in der Luft, Klopftöne, Fortbewegung von Gegenständen durch unsichtbare Mittel und dgl.) bezeichnet werden. Was die erstere Klasse betrifft, so sollte man glauben, annehmen zu dürfen, dass ein vernünftiger Mensch den Wert oder Ursprung eines Briefes eher nach dessen Inhalt, als nach der Art, wie er ihn erhält, beurteilen wird. Durch die übrigen Phänomene aber war auch nichts zu „beweisen", und wer die tiefe

Ehrfurcht, wenn nicht Vergötterung kennt, die sie ihren Meistern entgegenbrachte, der wird es überhaupt für undenkbar halten, dass sie die Namen der Meister zu irgendeinem Zwecke missbrauchte. Das wäre für sie gleichsam eine Gotteslästerung und ewige Verdammnis gewesen.

Ohne die okkulten Phänomene wäre Blavatskys Mission schwerlich geglückt. Es ist schwer, neuen Ideen Eingang zu verschaffen, wenn die Aufmerksamkeit nicht durch äußerliche Mittel angeregt wird. Achtzig Jahre dauerte es, ehe Schopenhauers Philosophie in Deutschland Eingang fand, und die Werke der besten Mystiker (Jakob Böhme, Eckehart, Paracelsus, Eckartshausen, Jane Lead usw.) sind noch heute nur wenigen bekannt. Hätte Blavatsky als einfache Schriftstellerin philosophische Werke verfasst und sich jemals ein Verleger dafür gefunden, so hätte es wohl lange gedauert, ehe ihre Schriften bekannt geworden wären. Die okkulten Phänomene setzten die Welt in Erstaunen. Sie waren für die Theosophie ungefähr dasselbe, was für die Religion das Glockengeläute ist, wenn es die Gläubigen zur Andacht versammelt. Niemand wird so töricht sein, das Glockengeläute mit der Religion zu verwechseln oder seinen Glauben an die Religion davon abhängig zu machen, dass man ihm beweise, dass das Glockengeläute auf eine übernatürliche Weise hervorgebracht worden sei.

Viele von diesen Phänomenen gingen aus Blavatskys eigener psychischer und physischer Kraft hervor; andere hatten ihren Ursprung augenscheinlich in der Gegenwart anderer, für uns unsichtbarer Wesen. Das wunderbarste Phänomen letzterer Art war zweifellos ihre plötzliche Genesung während einer schweren Krankheit, nachdem eine solche von den besten medizinischen Autoritäten für unmöglich erklärt worden war. Das fand in zwei Fällen statt; das erste Mal in Adyar, wo ich selbst gegenwärtig war. Blavatsky war sterbenskrank, und Frau Cooper Oakley und ich wachten abwechselnd nachts an ihrem Bette. Eine Konsultation von Professoren und Ärzten ergab das Resultat, dass sie keine zwölf Stunden mehr leben könne. Am nächsten Morgen nach diesem Todesurteil war sie völlig gesund. Das war gegen das Ende März 1885; am 1. April dampfte sie mit mir nach Europa ab. Sie sagte, dass in der betreffenden Nacht ihr der Meister erschienen sei und ihr neue Lebenskraft mitgeteilt hätte.

Dasselbe wiederholte sich in Ostende in Gegenwart von Gräfin Constanze Wachtmeister und anderen. Die Gräfin schreibt darüber wie folgt:[1)]

„H. P. Blavatsky war in einem Zustande von Lethargie. Stundenlang schien sie bewusstlos zu sein, und nichts konnte sie zu sich bringen ... Der belgische Arzt erklärte, dass er noch nie von einer so schweren Erkrankung der Nieren gehört hätte, wobei der Patient solange ausgehalten hätte, und dass nichts mehr geschehen könne, um sie zu retten. Alle Hoffnung sei vergebens.“ Die Gräfin beschreibt dann die schmerzlichen Empfindungen, die ihr der herannahende Verlust von Blavatsky verursachte, und wie sie, von Müdigkeit übermannt, in deren Zimmer einschlief. Sie fährt fort:

„Als ich meine Augen öffnete, war die Morgendämmerung angebrochen, und es kam mir die Angst, dass am Ende Blavatsky gestorben wäre, während ich hätte wachen sollen. Erschrocken wandte ich mich nach dem Bette, und da sah ich Blavatsky, die mich ruhig mit ihren klaren grauen Augen betrachtete. Sie gebot mir, näher zu treten. „Was ist geschehen?", fragte ich sie. „Sie sehen so ganz verändert aus?“ Sie antwortete: ‚Ja, der Meister war hier. Er gab mir die Wahl, entweder zu sterben oder frei zu sein, oder noch länger zu leben und die „Geheimlehre“ zu vollenden. Er sagte mir, wie viel ich noch zu leiden hätte, und was mir Schreckliches in England bevorstehe; aber als ich an die, die ich noch einiges lehren darf, und an die Theosophische Gesellschaft dachte, der ich mein Herzblut gewidmet habe, nahm ich das Opfer an; und nun, um die Sache kurz zu machen, bringen Sie mir Kaffee und etwas zu essen; und meinen Tabakskorb ...“ Als der Arzt kam, war er außer sich, und rief einmal über das andere aus: ‚Mais, c'est inoui! Madame aurait du mourir!' ..."

1) Wachtmeister, „Reminiscenses“.

Häufig wurde sie von unsichtbaren Händen, die mitunter wohl auch sichtbar wurden, bedient; aber es ist zwecklos, uns bei diesen Dingen aufzuhalten, die ja in der Geschichte der okkulten Wissenschaften hinreichend bekannt sind. Die Geschichten der „Seherin von Prevorst", der heiligen Crescentia von Kaufbeuren und hundert anderer erzählen von solchen Dingen, die auch jetzt noch alltäglich vorkommen und jedem bekannt sind, der sich dafür interessiert.

Wer seine eigene Menschennatur mit ihren verborgenen geheimnisvollen Kräften nicht kennt, dem wird auch H. P. Blavatsky ein Rätsel bleiben. Ihre Phänomene konnten und sollten nichts weiter tun, als bezeugen, dass sie die Fähigkeit hatte, sie zu verursachen. Aber auch aus ihren Schriften können wir kein Urteil über sie fällen; denn ferne davon, sich als eine Gelehrte oder Prophetin, oder „Priesterin der Isis" hinstellen zu wollen, behauptete sie vielmehr selbst, dass sie für alles, was sie schrieb, nur der Amanuensis gewesen sei, dass es die Meister sie gelehrt, es ihr gezeigt und mitgeteilt hätten, und dass sie nichts weiter dabei zu tun hatte, als das Mitgeteilte zu ordnen und wiederzugeben.

„Du bist sehr einfältig", sagte sie zu ihrer Nichte Vera Jellihofsky, „wenn du glaubst, dass ich alles das, was ich schreibe, tatsächlich weiß und verstehe. Wie oft muss ich dir und deiner Mutter wiederholen, dass mir diese Dinge diktiert werden, und dass ich oft Manuskripte, Zahlen und Worte vor meinen Augen habe, von denen ich vorher nichts wusste."

Diese Manuskripte erschienen ihr aber nicht nur im Astrallichte, sondern kamen sehr oft „auf eine ungeklärte Weise" in greifbarer Form, nicht nur in ihrem Zimmer in Adyar, Würzburg, Ostende und London, sondern auch während der Reise auf offener See. Wer aber als ein Meister dieser Wissenschaft hätte ihr wohl alles das Material, aus dem ihre „Geheimlehre" zusammengesetzt ist, verschaffen und sie in diesen Dingen unterrichten können? Ihr Werk bedarf keines anderen Zeugnisses als seines Inhaltes, um zu zeigen, dass es das Werk eines Meisters ist, dessen intelligentes

Werkzeug Blavatsky war. Das ist aber auch alles, was sie selbst behauptet hat zu sein, und alle die, die nicht fähig sind, hinter den Vorhang zu blicken und den Meister zu sehen, werden sich vergeblich den Kopf darüber zerbrechen, woher H. P. Blavatsky ihre Wissenschaft nahm. Ich möchte sie vergleichen mit einem Meteor. Die einen sehen ihn auf dem Felde liegen und beachten ihn nicht; andere finden in ihm sonderbare Eigenschaften, die sie sich nicht erklären können, weil sie nicht wissen, woher er kommt, und auch nicht glauben können, dass Steine vom Himmel fallen, da doch, wie sie sagen, keine Steine im Himmel sind; aber wieder andere sehen ihn leuchten und blitzen und fallen, und erkennen in ihm die Kunde, die er ihnen aus jenen Regionen bringt, die den armseligen erdgebundenen Bewohnern dieses Planeten nicht zugänglich sind.

Damit sind wir aber wieder bei dem bereits erwähnten Schlusse angelangt, dass H. P. Blavatsky ein „Chela“ oder Jünger der Meister war, und diese Skizze wäre nicht vollständig, wenn wir nicht das Verhältnis berühren würden, das zwischen diesen Meistern und ihren Jüngern besteht. H. P. Blavatsky sagt darüber Folgendes:

„Wenn ein erleuchtungsfähiger Mensch darauf Anspruch macht, als Jünger eines Meisters angenommen zu werden, so muss er stets der Vereinbarung eingedenk sein, die entweder schweigend oder formell zwischen ihm und dem Meister stattgefunden hat und niemals vergessen, dass ein solches Gelöbnis heilig ist. Es gilt dabei eine siebenjährige Prüfungszeit. Wenn er während dieser Zeit seinem erwählten Meister und der von den Meistern ins Dasein gerufenen Gesellschaft durch alle Versuchungen treu bleibt, wobei aber die vielen kleinen menschlichen Schwächen und Fehler (mit Ausnahme von zweien, die ich nicht öffentlich nennen will) nicht in Betracht kommen, so kann er in …[1] eingeweiht werden, und

1) Die „Einweihung“ besteht nicht in einer äußerlichen Komödie, sondern in einer innerlichen Erweckung und Eröffnung der inneren Sinne, wodurch er in einen sichtbaren Verkehr mit Wesen tritt, die ihm vorher unsichtbar waren.

von nun an direkt mit seinem Guru verkehren. Seine Fehler können ihm nachgesehen werden; sie gehören seinem zukünftigen *Karma* an. Dem Meister ist es anheimgestellt, zu beurteilen, ob während dieser Prüfungszeit der Kandidat, trotz seiner Irrtümer und Sünden gelegentlich (äußerliche) Zeichen oder Ratschläge erhalten soll.

„Der Meister, der die Ursachen und Beweggründe genau kennt, die den Kandidaten zu Begehungs- und Unterlassungssünden verleitet haben, ist allein befähigt, darüber zu urteilen, ob der angehende Jünger ermutigt werden soll; er allein hat das Recht darüber zu entscheiden, denn er selbst ist dem unerbittlichen Gesetze des Karma unterworfen, dem niemand, von einem Zulukaffer angefangen bis hinauf zum höchsten Erzengel, entwischen kann."

„Die erste und unvermeidliche Bedingung ist somit, dass der Kandidat während der Prüfungszeit dem von ihm gewählten Meister und seinen Zwecken treu und ergeben bleibt. Ich sage das nicht aus Eifersucht, sondern aus dem einfachen Grunde, dass, je öfter die magnetische Verbindung zwischen beiden gebrochen wird, es um so schwieriger ist, sie wieder herzustellen, und man kann nicht verlangen, dass die Meister ihre Kräfte vergeuden, um mit denen wieder anzubinden, deren künftige Laufbahn und schließliche Abtrünnigkeit sie voraussehen. Aber wie viele von denen, die Gunstbezeugungen im voraus erwarten, und deren Wünsche nicht erfüllt werden, machen das den Meistern zum Vorwurf, anstatt die eigene Schuld zu erkennen. Sie brechen die Verbindung zehnmal im Jahre und wollen sie stets wieder hergestellt haben ..."

„Aber zu jenen, die unzufrieden sind, obgleich ihnen niemand etwas versprochen hat und die Gesellschaft niemals „Meister" zur Preisverteilung für ein gutes Verhalten angeboten hat, sondern einem jeden versicherte, dass alles von seinem eigenen persönlichen Verdienste abhängig ist, zu diesen möchte ich sagen: „Habt ihr eure Pflichten und Versprechen erfüllt? Habt ihr, die ihr die Meister, die Verkörperungen der Barmherzigkeit, Duldsamkeit,

Gerechtigkeit und Liebe, beschuldigt, euch nicht hinreichend bevorzugt zu haben, habt ihr ein heiliges Leben geführt und die euch auferlegten Bedingungen erfüllt?“ Wer in seinem Herzen und Gewissen aufrichtig sagen kann, dass er niemals einen ernstlichen Fehltritt gemacht, niemals des Meisters Weisheit bezweifelt, niemals, in seiner Ungeduld, okkulte Kräfte zu erlangen, nach einem anderen Meister oder Meistern gesucht hat, niemals seine Pflichten als Schüler der Theosophie in Gedanken oder Handlungen verletzt hat, der möge andere als sich selber beschuldigen. Aber hierzu wird schwerlich jemand befähigt sein. Während der elf Jahre des Bestehens der Theosophischen Gesellschaft habe ich von den zweiundsiebzig „Chelas“, die regelrecht als Kandidaten zur Prüfung angenommen wurden, und unter den Hunderten von Aspiranten, nur drei gefunden, die bis jetzt noch nicht das Spiel verloren haben, und nur einen einzigen, der ganzen Erfolg hatte. Niemand wird zur Jüngerschaft genötigt, keine Versprechungen werden geäußert, nichts bindet, als das Herzensbündnis zwischen dem Jünger und Meister.“

„Wahrlich! Viele sind berufen, aber wenige auserwählt; denn nur wenige haben die Geduld, bis zum Ende auszuharren, weil ihnen einfache Ausdauer und Einheitlichkeit des Zweckes nicht schmeckt. Wie könnte man glauben, dass jemand schon deshalb ein Theosoph nach dem Herzen des Meisters ist, weil er vielleicht ein Vegetarianer ist? Eine Kuh ist das ebenfalls. Oder besteht seine Theosophie darin, dass er nach einer ausgetobten Jugend ein Junggeselle geblieben ist, oder dass er die „Bhagavad Gita“ oder die „Yoga-Philosophie“, das Untere zu oberst, studiert? Es ist nicht die Kutte, die den Mönch macht, und lange Haare und ein träumerisch schmachtender Blick machen noch keinen Jünger der Weisheit.

„Blickt umher und sehet euren sogenannten „Universalbruderbund“. Sehet die „Theosophische Gesellschaft“, welche zu dem Zwecke gegründet wurde, die schreienden Übel der Christenheit zu verbessern, Bigotterie und Intoleranz, Heuchelei und Aberglauben zu vertreiben und wahre Liebe nicht nur für die ganze

Menschheit, sondern für alle Geschöpfe zu verbreiten. Was ist aus ihr in Amerika und Europa geworden? Nur in einer einzigen Sache haben wir verdient, besser zu erscheinen als die christlichen Sekten, die zur Verherrlichung der Brüderlichkeit einander töten und aus Liebe zu Gott einander wie Teufel bekämpfen, nämlich wir haben uns alle Dogmatik vom Halse geschafft und versuchen nun weislich und gerecht auch noch den letzten Schatten eines selbst nur nominellen Autoritätswesens abzuschaffen."

„Aber in jeder anderen Beziehung sind wir gerade so wie die Übrigen, überall Klatschsucht, Verleumdung, Übelwollen, Nörgelei, Besserwissen, Rechthaberei, Kriegsgeschrei und gegenseitige Beschuldigungen, sodass die christliche Hölle selbst darauf stolz sein könnte. Und an allen diesem sollen am Ende noch die Meister schuld sein, weil sie nicht denen beistehen wollen, die anderen den Weg zur Erlösung und Freiheit vermittelst Fußtritten und Skandalen weisen, wahrlich! Wir sind ein herrliches Beispiel für die Welt und gelungene Gefährten für die heiligen Asketen in den Schneegebirgen des Himalaja."

Aber an diesen unseligen Zuständen sind weder die Heiligen des Himalaja, noch die Verfassung der „Theosophischen Gesellschaft", noch die Theosophie, sondern vielmehr der Mangel an wahrer Weisheit schuld, und dessen Ursache ist die Unvollkommenheit der menschlichen Natur, so wie sie heutzutage, als das Produkt der modernen Zivilisation, erscheint. Wir leben in einem Zeitalter des Rationalismus, der eine Ausgeburt des Egoismus ist und ohne diesen nicht bestehen könnte. Der Egoismus aber ist der Feind der uneigennützigen Liebe, die die alleinige Quelle der wahren Erkenntnis ist.

Mit dieser Liebe ist auch die Erkenntnis des höchsten und allgemeinen Ideals verloren gegangen, und nun schafft sich jeder in seiner Fantasie sein eigenes Idol und verlangt, dass alle anderen sich ihm beugen. Nicht auf dem Kampf um selbst geschaffene Götzenbilder, noch auf dem Streit um die Rechthaberei dieser oder jener Autoritäten, noch auf dem Glauben an das Dasein tibetanischer Adepten oder an die Echtheit okkulter Phänomene, und auch nicht auf dem Führwahrhalten der in der „Geheimlehre“ dargelegten Theorien, sondern auf der Erkenntnis der Einheit und Allgegenwart Gottes in allen Geschöpfen und Erscheinungen beruht die „Theosophie“ und die Harmonie der Gesellschaft, die Blavatsky gegründet hat.

Aber es wäre weit gefehlt, wenn wir glauben wollten, dass Blavatsky nur deshalb unter uns erschienen sei, um eine sogenannte „Theosophische Gesellschaft“ zu gründen, und dass das Heil der Welt von deren Erfolg abhängig sei. Das Licht, das durch Blavatsky verbreitet wurde, ist nicht das Eigentum irgendeines Vereins; es gehört der ganzen Menschheit an. Es ist bereits in weite Kreise gedrungen und wird fortfahren, sich zu verbreiten, selbst wenn die ganze sogenannte „Theosophische Gesellschaft“ zugrunde geht. Diese Gesellschaft sollte für dieses Licht eine Leuchte sein. Ob sie noch weiter diesen Zweck erfüllen und ob aus ihr eine Gesellschaft von wirklichen Theosophen entstehen wird, das muss die Zukunft lehren.

Was von H. P. Blavatsky und ihren Meistern zu wissen von Wichtigkeit ist, sind nicht ihre persönlichen Eigenschaften, sondern die uralten Lehren der Weisheit selbst, die im Laufe der Zeit nahezu in Vergessenheit geraten waren und durch sie wieder ins Gedächtnis der Menschheit zurückgerufen wurden. Die hauptsächlichsten dieser Lehren sind die Erklärungen über die Konstitution des Weltalls im Allgemeinen und des Menschen im Besonderen, die Stellung, die der Mensch im Weltall einnimmt, seine Herkunft, der Zweck seines Daseins, sein Verhältnis zu Gott, zur Natur und zu sich selbst; die Lehre vom Karma oder dem Gesetze der göttlichen Gerechtigkeit, die Lehre von der Wiederverkörperung der geistigen Elemente, aus denen seine Persönlichkeit zusammengesetzt ist, und der Kräfte, die sie während des Lebens und nach dem Tode beherrschen.

Diese Lehren finden sich in verhüllter Form in allen religiösen Systemen der Welt und sind die Grundlage, auf der alle diese

Systeme beruhen. H. P. Blavatsky hat nichts weiter getan, als den Schleier ein wenig gelüftet, der auf diesen tieferen Geheimnissen der Religion und Wissenschaft ruht.

Mahatmas und Adepten

Da in der modernen theosophischen Literatur, wenn von den Meistern der Weisheit die Rede ist, diese bald „Mahatmas“, bald „Adepten“ genannt werden, so wird es zweckmäßig sein, einige Bemerkungen über den Unterschied dieser zwei Bezeichnungen zu machen:

Das Wort „Mahatma“ (Sanskrit, von Maha d. i. groß und Atma d. i. Geist) bedeutet einen großen Geist oder, richtiger gesagt, einen Menschen, in dem ein großer Geist mit einer edlen Seele verkörpert ist, und hierher gehören alle in der Weltgeschichte bekannten, wie auch unbekannten Personen, die sich durch uneigennütziges Wirken, durch selbstlose Liebe und Aufopferung im Dienste der Menschheit, durch Intelligenz und wahre Seelengröße ausgezeichnet haben.

„Kleine Geister" dagegen sind die, die sich nicht über den beschränkten Horizont ihres persönlichen Daseins erheben können, stets nur ihr liebes, eingebildetes „Ich“ vor Augen haben, und deren Streben in ihrem Denken und Tun stets nur auf ihren eigenen Vorteil oder den Vorteil der Sekte, der sie angehören, gerichtet ist. Das Wort „Mahatma“ entspricht in gewisser Beziehung dem deutschen Worte „Hochgeboren“, insofern als das Letztere in seiner wahren Bedeutung einen Menschen bedeutet, der die Reinkarnation eines einer höheren geistigen Sphäre entstammenden Geistes ist. Nicht die Abstammung aus einer gräflichen Familie oder die Verleihung eines Adelstitels, sondern ein edler Charakter, den ein Mensch mit auf die Welt bringt, machen den „Hochgeborenen" aus; der Titel „Erlaucht" ist noch lange kein Beweis von innerlicher Erleuchtung, und unter denen, die „Erlaucht“ genannt werden, wird es wohl manche geben, die nicht vom Geiste Gottes, dem Lichte der Wahrheit, durchdrungen und durchleuchtet sind. Alles Äußerliche und Vergängliche ist nur ein Schein und ein Gleichnis; nur das, was von ewiger Dauer ist, besteht. Ein Tagelöhner, der sein eigenes Leben aufs Spiel setzt, wenn es gilt, das Leben eines anderen Menschen zu retten, ist ein größerer Mahatma als ein Minister, dem es nur um die Beibehaltung seines Portefeuilles zu tun ist.

Ein „Mahatma“ im theosophischen Sinne ist derjenige, in dem innerhalb des äußerlichen tierischen Menschen noch der innerliche „Übermensch" enthalten und offenbar geworden ist; nicht ein Mensch, der sich einbildet, besser als andere zu sein, sondern der sich so Eins mit dem großen Ganzen fühlt, dass er nur das Wohl der ganzen Menschheit will und seine eigene Persönlichkeit darüber vergisst.

Aber zu einem Adepten gehört noch etwas mehr als ein „goldenes Herz“; nämlich eine hohe Intelligenz und eine genaue Kenntnis der Naturgesetze und geheimen Kräfte in der Natur, wie sie nur durch die Eröffnung der geistigen Sinne und das Erwachen der im Menschen verborgenen okkulten Kräfte erlangt werden kann. Diese Wissenschaft wird nicht auf dem Katheder gelehrt und auch nicht während eines einzigen Daseins auf Erden erworben; sie ist vielmehr das Resultat der Erfahrungen, die der Betreffende während vieler vorangegangenen Reinkarnationen gemacht hat. Der Mensch ist in seinem innersten Wesen ein Gott; aber er kennt die in ihm schlummernden göttlichen Kräfte nicht; er ist wie ein in einem Käfige aus dem Ei gekrochener Vogel, der nicht weiß, dass er Schwingen besitzt, mit denen man fliegen kann. Wer aber seine Kräfte kennt, der erlangt auch die Macht, sie zu gebrauchen.

Die moderne akademische Wissenschaft steht heutzutage an der Schwelle der Pforte, die zur Erkenntnis der verborgenen Kräfte der Seele führt. Ihre Forschungen über die Erscheinungen des Hypnotismus, Suggestibilität, Telepathie, Exterriorisierung des Empfindungsvermögens, Gedankenübertragung, psychische Heilwirkungen usw. haben sie bereits ein paar Schritte vorwärts gebracht; aber die höheren Kräfte des Geistes über das Materielle, die im Besitze derjenigen Adepten sind, die sie sich nach zahlreichen Wiederverkörperungen erworben haben, gehören noch immer in das geheimnisvolle verbotene Land des Unbekannten. Auch ist es gut, dass dieses Land ein Verbotenes ist; denn je mehr der Mensch Macht in seine Hände bekommt, um so mehr wächst seine Verantwortlichkeit, und wenn die Entwicklung der Moral und Gewissenhaftigkeit nicht gleichen Schritt mit der Entfaltung okkulter Seelenkräfte hält, so liegt der Missbrauch der Letzteren nahe. Eine Wissenschaft, die von Gott oder Geist nichts weiß, kann auch das Wesen dessen, was man „Materie“ nennt, nicht ergründen; denn Geist und Materie sind schließlich doch nichts anderes als gleichsam die beiden Pole oder Offenbarungen des ewigen Unergründlichen, das die Quelle alles Daseins ist und als „Gott“ oder „Brahma“ bezeichnet wird.

Auch die christlichen Mystiker lehren, dass Alles „Gott“ ist. Die ganze Natur ist eine Offenbarung seiner selbst. Alles, was nicht Gott ist, ist wesenlose Erscheinung, gleich einem Spiegelbilde, das körperlos und nur ein Reflex von Lichtstrahlen ist; an sich selber ein Nichts, eine Illusion, die verschwindet, wenn sich das Wesen, das sie erzeugte, entfernt. Der Adept, in dem durch seine Vereinigung mit der Gottheit die Gotteserkenntnis zur lebendigen Kraft und Tatsache geworden ist, hat es in seiner Macht, die Schwingungen des Äthers zu verdichten, das Unsichtbare sichtbar zu machen und die Elemente, aus denen die Materie zusammengesetzt ist, durch seinen Willen zu beherrschen.

Um die okkulten Phänomene zu begreifen, deren Erzeugung in der Macht der Adepten ist, müssen wir uns mit dem Gedanken vertraut machen, dass der Mensch nicht nur einen, sondern mehrere Körper besitzt, nämlich außer seinem physischen, sichtbaren Leibe noch den ätherischen Leib, den Astral- und den Gedankenkörper, und dass auch diese für uns unsichtbaren Körper stofflicher Natur oder Schwingungen der ursprünglichen Urmaterie in verschiedenen Graden von Verdichtungen sind. Kraft und Stoff sind dem Wesen nach Eines, und der Geist ist Herr über sie. Alles, was wir „Materie“ nennen, ist gleichsam verdichtete passive Kraft; alles, was wir „Kraft“ nennen, gleichsam aufgelöster aktiver Stoff; eine

Kraft ohne irgendetwas Stoffliches ist nicht denkbar und ein Stoff ohne aufgespeicherte Kraft wesenlos.

Ein gewöhnlicher Mensch ist sich nur seines Daseins in seinem sichtbaren grobmateriellen Körper bewusst; aber dem Adepten steht es frei, sich mit vollem Bewusstsein in einem oder dem anderen seiner feineren Körper zu bewegen. Für den Gedanken eines Menschen ist kein noch so entfernter Ort unerreichbar, und ebenso ist jeder Ort für den Gedankenkörper eines Adepten erreichbar, und er kann damit wirken, wenn er sich in seinem Bewusstsein in ihn hinein versetzt. Wohin er sich denkt, da ist er und kann unter gewissen Bedingungen eine Erscheinung seiner Person erzeugen; hört er auf, dorthin zu denken, so verschwindet auch die Erscheinung.

Es ist das vergleichbar mit den Bildern, die durch eine magische Laterne erzeugt werden. Wird der Schieber herausgenommen, so verschwindet das Bild an der Wand. Es ist somit gar keine Hexerei im Spiele, wenn ein Adept mit seinem Schüler oder Jünger verkehrt, obgleich er vielleicht Tausende von Meilen von ihm entfernt ist. Auch bei gewöhnlichen Menschen, deren Seelen durch die Bande der Liebe und Sympathie miteinander verbunden sind, kann ein ähnlicher geistiger Verkehr und Gedankenaustausch stattfinden, wenn er auch nicht vollkommen ist und vielleicht auch nicht zum persönlichen Bewusstsein gelangt.

Wir fühlen es, dass diese oder jene Person an uns denkt; wir ahnen plötzlich, dass heute ein Brief von einem Freunde, an den wir lange nicht gedacht haben, eintreffen wird, und bald darauf kommt der Brief; ja selbst Astralbesuche lebender Freunde sind nichts Seltenes, und wir nehmen sie, sei es als Erscheinung oder durch das Gefühl, wahr. Wir verkehren in unserem Traumkörper, während der physische Körper im Schlafe liegt, mit Bekannten in dieser oder der anderen Welt, und wenn wir uns beim Erwachen nicht an alles genau erinnern, so ist die Ursache davon nur, dass unser grobmaterielles Gehirn nicht imstande war, die Eindrücke, die wir während dieses Traumlebens empfangen, aufzunehmen oder aufzubewahren; obgleich dieses Traumleben ebenso wirklich wie das Leben nach dem körperlichen Erwachen war.

Die geheimen Kräfte des Willens und der Vorstellung sind unserer offiziellen Wissenschaft nur zum geringsten Teile bekannt, und noch gänzlich unbekannt sind ihr die Kräfte der übersinnlichen Welt und deren Bewohner, deren unbewusste Werkzeuge viele willensschwache Menschen sind, die aber der zur wahren Selbsterkenntnis gelangte Adept seinem Willen unterwerfen und sich dienstbar machen kann. Wir lesen von erstaunlichen okkulten Phänomenen, die durch indische Fakire hervorgebracht werden. Gewisse Leute, die niemals etwas dergleichen gesehen haben, leugnen sie ab; andere behaupten, es sei Betrug, wieder andere erfinden die unsinnigsten „Erklärungen" dafür. Die meisten denken sich gar nichts dabei; aber den Wissenden ist es klar, dass diese Fakire nicht aus eigener Machtvollkommenheit handeln, sondern Besessene sind, die den intelligenten Wesen, die von ihrem Organismus temporären Besitz genommen haben, als Werkzeuge dienen; weshalb denn auch der Fakir seinen Deva in der Regel erst durch Anrufungen und Zeremonien anziehen muss. Der Deva benutzt die materiellen Kräfte des Fakirs und kann nichts ohne ihn, aber durch den Einfluss des Devas oder der "Elementargeister" erlangt der Organismus des Fakirs andere Eigenschaften, sodass ihn z. B. das Feuer nicht brennen, eine Verwundung nicht schädigen, kann und dergleichen mehr.

Um das alles zu erklären, wäre es nötig, eine Beschreibung der Geister, der Elemente und der Bewohner der Astralwelt zu geben, und da es von diesen Millionen und zahlreiche Arten gibt, so würden hierzu viele dicke Bände kaum ausreichen. Es muss daher genügen, zu sagen, dass das Reich des Äthers und der Astralplan ebenso wirkliche Welten sind, wie die unsrige; dass auch dort alles nach bestimmten Naturgesetzen vor sich geht und das Höhere das Niedere beherrschen kann. Die Phänomene der Spiritisten sind heutzutage allgemein bekannt, und viele der erhaltenen Mitteilungen zeugen von dem Vorhandensein einer einwirkenden Intelligenz. Wo sich Intelligenz offenbart, da muss sie auch vorhanden sein, und die Skeptiker, die bei ihren Untersuchungen darauf keine Rücksicht nehmen, gleichen einem Toren, der meint, die Botschaft, die er durch ein Telefon erhält, sei von dem Telefon erzeugt, und der von dem Sender am anderen Ende nichts wissen will. Wer die Geschichte der größten Entdeckungen und Erfindungen kennt, der weiß, wie schwer es für eine neue Idee ist, sich Bahn zu brechen und gegen die Kathederweisheit zu kämpfen, und dass oft die größten Gelehrten die Wahrheit, die sie nicht verstanden, bekämpften.

Auch H. P. Blavatsky hatte eine große Opposition zu bekämpfen. Der Materialismus war damals die Mode; die wissenschaftlichen Autoritäten hatten es sich bequem gemacht, nachdem sie in der mechanischen Bewegung der Atome die Lösung des Weltenrätsels gefunden zu haben glaubten, und die hohe Geistlichkeit hatte sich schon lange mit ihren Glaubensartikeln sehr behaglich gefühlt und liebte es nicht, in ihrer Ruhe gestört zu werden, wie es durch das Erscheinen von H. P. Blavatskys; „Die entschleierte Isis“ geschah. Die Akademie und der Klerus gerieten in Aufruhr. Wie konnte ein altes Weib sich unterstehen, etwas wissen zu wollen, was nicht schon jedem Universitätsprofessor bekannt ist, und in Bezug auf religiöse Dinge Behauptungen aufzustellen, ohne vom obersten Kirchenrat dazu ermächtigt zu sein? Wie konnte diese Russin sich erfrechen, Aufschluss über die Ursachen gewisser Vorgänge in der Natur zu geben, von denen die Koryphäen der Wissenschaft nichts wissen, und in den religiösen Symbolen einen tieferen Sinn zu entdecken, der dem Konsistorium unbekannt ist, und an den noch niemand gedacht hat? Wenn es in Tibet wirklich solche Adepten gibt, die Wunderdinge verrichten, weshalb kommen sie nicht vor das Forum der Wissenschaft, weshalb nicht nach Paris, um vor der Akademie der Wissenschaften und den hervorragendsten Taschenspielern ein Examen zu bestehen und sich die Approbation anerkannter Autoritäten und ein Diplom zu holen? Hätten nicht einige unter strenger Überwachung ausgeführte okkulte Kunststücke ausgereicht, um die ganze Welt zu einem Glauben an die Existenz von Adepten zu bekehren? Weshalb verwandelten die Mahatmas zur Zeit einer Hungersnot nicht Steine in Brot oder den Sand der Wüste in Gold? Weshalb verschaffen sie der Menschheit nicht auf bequeme Weise alle die guten Dinge, die man sich jetzt mühselig durch Arbeit erringen muss?

Da wurden die närrischsten Anforderungen an die Adepten gestellt. Der Eine verlangte, die Heiligen des Himalaja sollten dafür sorgen, dass seine Frau einen Sohn bekäme, einem Anderen sollten sie eine Anstellung bei der Regierung, einem Anderen einen Käufer für sein Haus verschaffen; wieder ein Anderer wollte, die Adepten sollten ihm einen guten Platz angeben, um einen Käseladen zu errichten; kurzum, die Nachricht, dass es Menschen mit außerordentlichen psychischen Fähigkeiten gäbe, machte überall den Egoismus und die Habsucht rege. Die Ungläubigen spotteten, und von den Gläubigen wollte jeder etwas für sich allein profitieren.

Aber wir wollen uns nicht bei diesen Torheiten aufhalten. Den Adepten ist es nicht darum zu tun, die Welt durch okkulte Kunststücke in Erstaunen zu versetzen und einen neuen Götzendienst ins Leben zu rufen. Wenn Blavatsky überhaupt ihre Meister erwähnte, so geschah es deshalb, weil sie sich nicht mit fremden Federn schmücken, d. h. nicht die Lehren, die sie von den Meistern erhielt, als ihr eigenes Fabrikat ausgeben wollte. Tatsächlich haben ihr nicht nur die Adepten in Tibet, sondern auch andere Meister an ihren Werken geholfen. So ist z. B. die Herausgabe ihrer „Entschleierten Isis“ hauptsächlich den selbstlosen Bemühungen von dem mittlerweile verstorbenen Professor Dr. Alexander Wilder in New York zu verdanken, der die Manuskripte Blavatskys, in denen vieles wie Kraut und Rüben untereinander gemischt war, sichtete, ordnete und korrigierte.[1)]

Damals war überall nur von wundertätigen Adepten und Mahatmas die Rede. Es war, als ob die Wahrheit der Lehre von

1) Dr. Alexander Wilder hat eine Menge höchst interessanter gelehrter Schriften hinterlassen, die zum großen Teile in dem Journale „The Word“ (New York) abgedruckt, aber nicht ins Deutsche übersetzt sind. — In deutscher Übersetzung

der Reinkarnation, dem Karma, den sieben Prinzipien usw. von dem Glauben an die Existenz der Adepten und an die Echtheit gewisser okkulter Phänomene abhängig wäre. Aber was hat die Theosophie oder Selbsterkenntnis der Wahrheit mit dem blinden Glauben an Autoritäten zu tun? Die Meister können uns wohl den Weg zum Tempel der Wahrheit weisen; aber den Weg müssen wir selbst gehen; der Richter über Wahres und Unwahres in einer Lehre liegt in der Macht der Unterscheidung, und dazu hat der Mensch seine Einsicht und Vernunft.

Wenn wir die Sage von der Existenz von Adepten in Tibet und anderen Orten des mystischen Nimbus, den der Aberglaube um sie gewoben hat, entkleiden, so stellt sich dabei heraus, dass es Menschen gibt, die auf dem Wege der Evolution dem großen Teile der Menschheit bereits weit vorangeeilt sind und in denen gewisse okkulte Seelenkräfte sich entfaltet haben, von denen die offizielle Wissenschaft noch nicht viel weiß; die aber das natürliche Erbteil eines jeden Menschen sind und von jedem erworben werden können, wenn er sich Mühe gibt, den hierzu vorgeschriebenen Weg zu wandeln, der in allen großen Religionssystemen bezeichnet und am klarsten in der Bhagavad Gita beschrieben ist.

Okkulte Phänomene

Da die okkulten Phänomene, wie z. B. direkte Geisterschrift, „Materialisationen", sogenannte „Geistererscheinungen" und dergleichen heutzutage bereits allgemein bekannt sind, so ist es überflüssig, Beweise anzuführen, dass es dergleichen Dinge gibt. Dagegen ist nachdrücklich zu bemerken, dass die okkulten Phänomene, die während meines zweijährigen Aufenthaltes in Adyar stattfanden, nicht den Zweck hatten, die Welt in Erstaunen zu versetzen, oder der psychischen Forschung Beweise für deren Echtheit zu liefern; sondern sie waren lediglich Begleiterscheinungen unseres Verkehrs mit den Adepten, und es war folglich nicht die geringste Veranlassung da, einen Betrug zu wittern, oder Vorkehrungen gegen einen solchen zu treffen.

Wenn bei einer spiritistischen Sitzung Leute zusammenkommen, die die Absicht haben, dergleichen Phänomene zu studieren und sich zu vergewissern, dass es okkulte Erscheinungen gibt, so handeln sie weise, wenn sie alle möglichen Vorsichtsmaßregeln ergreifen, um sich gegen Betrug zu schützen und sich von der Echtheit der Manifestationen zu überzeugen. Wenn dann z. B. eine angebliche Geisterschrift auf einer Schiefertafel oder einem Blatt Papier erscheint, so ist es Sache des Forschers, zu untersuchen, auf welche Weise sie entstanden ist.

Hierzu war während meines Aufenthalts in Adyar nicht die geringste Veranlassung, denn davon, dass es dergleichen Dinge gibt, hatte ich mich während meiner fünfzehnjährigen Bekanntschaft mit dem Spiritismus längst überzeugt, und wenn mir ein „okkulter Brief" aus der Luft vor die Nase fiel, so interessierte mich der Inhalt des Schreibens, nicht aber die Art, wie er mir zugestellt wurde. Hätte ihn mir der Briefträger ins Haus gebracht, so wäre es mir dasselbe gewesen, und es erscheint somit geradezu lächerlich, dass ein Vertreter der S. P. R. aus London kam, um nach Beweisen zu suchen, wo nichts zu beweisen war.

Wenn in irgendeiner Angelegenheit die Adepten es für nötig hielten, uns einen Rat zu erteilen, so kam ein „okkulter Brief", oder es entstand ein solcher von unsichtbaren Händen auf einem auf dem Tische liegenden oder in einer Schublade verschlossenen Stück Papier, und dergleichen Dinge fanden beinahe alltäglich statt; sowohl während der Anwesenheit von Blavatsky, als auch während sie in Europa war. Mitunter wurden Fragen auf ein leeres Papier geschrieben und bald darauf erschien unter der Frage die Antwort. Die Briefe, die Mahatma M. ... zum Urheber hatten, waren meistens in roter, die von K. H. ... in blauer Schrift;[1)] aber es kamen auch andere in grüner oder schwarzer Schrift, angeblich von Chelas geschrieben. Manchmal, während ich am Schreibtisch sitzend die Schublade öffnete, in die ich wenige Minuten vorher ein Manuskript gelegt hatte, war dieses plötzlich verschwunden, aber vielleicht nach ein paar Stunden, oder am nächsten Tage, war es wieder dort, wo ich es hingelegt hatte, aber mit Anmerkungen in der mir bekannten Handschrift des Meisters versehen. Einmal wurde mir während der Eisenbahnfahrt von Bombay nach Madras ein in meiner verschlossenen Reisetasche befindliches Manuskript auf okkulte Weise korrigiert, und es hätte jedem vorurteilsfreien Menschen klar sein können, dass der Zweck dabei die Korrektur des Manuskriptes war, nicht aber, dass man damit hätte die Welt in Erstaunen versetzen oder den Gelehrten der S. P. R. beweisen wollen, dass so etwas möglich sei. Das große Geschrei, das damals von diesen über angebliche Betrügereien erhoben wurde, war folglich sinnlos und gegenstandslos; wo nichts behauptet wird, da gibt es auch nichts zu widerlegen oder zu beweisen;[2)] am allerwenigsten aber ließe sich durch solche Dinge die Existenz der Adepten beweisen; da es für okkulte Erscheinungen die verschiedensten Erklärungen gibt.

1) Siehe Abbildungen..

2) Dr. Richard Hodgson, der Vertreter der S. P. R., der damals die Möglichkeit des Vorkommens okkulter Phänomene leugnete, wurde später selbst Spiritist und als Präsident der spiritistischen Vereine in Amerika ein eifriger Verteidiger dieser Erscheinungen.

Somit könnten wir wohl die Angelegenheit der okkulten Phänomene, die in Adyar stattfanden, auf sich beruhen lassen; allein es mag für den Leser noch von Interesse sein zu erfahren, dass H. P. Blavatsky viel Sinn für Humor hatte und ihre okkulten oder auch nicht okkulten Kräfte manchmal dazu verwandte, Scherze zu machen. Beispielsweise sei Folgendes erwähnt:

Als ich bald nach meiner Ankunft in Adyar Madame Blavatsky einen Besuch abstattete, fnd ich sie an ihrem Schreibtische mit Schreiben beschäftigt. Da ich sic nicht störcn wolltc, trat ich ans Fenster, und meine Gedanken wanderten nach Amerika. Ich dachte an meine in Galveston (Texas) verstorbene Freundin K. W. ...[1] und was wohl aus ihr nach ihrem Tode geworden war. Da sah ich, wie Blavatsky das Papier, auf dem sie schrieb, umkehrte und mit dem Bleistift, wie gedankenlos spielend, Striche machte; nach einigen Minuten reichte sie mir das Papier. Es war eine Zeichnung als Antwort auf meine nicht ausgesprochene Frage; sie stellte eine Karikatur meiner Freundin als Leiche dar, die mit ausgestreckten Beinen auf dem Boden lag. Neben ihr war ein sonderbares Elemental mit Vogelfüßen, bereit, die entfliehende Seele in Empfang zu nehmen; aber über der Leiche, und von ihr ausgehend zog sich ein Regenbogen empor, der den unsterblichen Teil auf seiner Rückkehr nach den himmlischen Regionen andeutete.

Vielfach ist es Blavatsky übel genommen worden, dass sie es liebte, sich über ihre besten Freunde und deren Eigentümlichkeiten lustig zu machen, obgleich das nicht ernstlich gemeint war. Wenn sie z. B., wie es mehrmals geschah, sagte, Col. Olcott sei nicht nur ein Esel, sondern der Vater und Großvater von allen Eseln in der Theosophischen Gesellschaft, so müssen wir es den Sachverständigen überlassen, zu entscheiden, ob sie ihn wirklich für einen Esel hielt. Auch machte sie öfters Karikaturen von ihren Freunden, die vortrefflich gelangen, obgleich sie in ihrem normalen Zustande des Zeichnens unkundig war. Eine solche Zeichnung

1) „Denkwürdige Erinnerungen" Seite 2.5.

stellt das Examen eines bekannten Theosophieschülers dar, der zur Initiation zugelassen werden möchte, aber sich nur ungern von den ihm lieb gewordenen Champagnerflaschen und Damen des Balletts trennen will.[1] Wir sehen da den mit einer Schlafmütze bedeckten unglückseligen Kandidaten, der keine der an ihn von K. H. gestellten Fragen beantworten kann und tränenden Auges auf die von ihm zu verlassenden Schätze blickt. Ein Irrlicht leuchtet ihm bei seiner Unternehmung und in der Ferne sehen M. und Blavatsky selbst, auf einem Elefanten sitzend, erwartungsvoll dem Schauspiele zu. Ob Madame Blavatsky sich noch anderweitige Scherze erlaubt hat, mit denen die Meister nichts zu tun hatten; ob sie dabei nur ihre psychischen oder auch ihre physischen Kräfte zu Hülfe nahm, wer kann es wissen? Sie war stets vom frühen Morgen bis spät in die Nacht mit Schreiben beschäftigt, kümmerte sich um das, was im Hauptquartiere vorging, so gut wie nicht, und die okkulten Phänomene hatten als solche für sie gar keinen Wert. Ihr Humor

1) Siehe Abbildung.

war stets unverwüstlich, und sie wusste im Gespräche stets den Nagel auf den Kopf zu treffen. Sie versicherte mir wiederholt, dass es für einen Theosophen oder Okkultisten nicht nötig sei, ein Kopfhänger zu sein oder ein griesgrämiges Gesicht zu machen und wie eine alte Nachteule in einem dunklen Mauerloch zu sitzen; die Theosophie ist nicht wie das moderne christliche Kirchentum eine Religion der Todesfurcht und Trauer; sie weist uns nicht auf die Hoffnung künftiger Freuden im Himmel hin, sondern sie führt den, in dessen Herzen sie einzieht, schon jetzt in ein höheres freudiges Leben ein; sie lehrt uns nicht das irdische Leben hochmütig verachten, wohl aber es nicht höher als nach seinem wirklichen Werte zu schätzen. Die relative Wertlosigkeit vieler irdischer Dinge wird erst dann völlig begriffen, wenn das wahre Leben im Menschen erwacht ist.

Da ist von keinem Pessimismus, wie ihn die Orthodoxie mit sich bringt, die Rede; denn der Erwachsene betrauert den Verlust des Spielzeuges nicht, nach dem als Kind sein Verlangen gerichtet war, noch sieht er mit Verachtung darauf herab; ja er nimmt vielleicht als ein Kinderfreund selbst an kindlichen Vergnügungen teil; aber er hängt nicht persönlich daran.

Die Phänomene, die Blavatsky unter Freunden zur Belustigung oder zur Belehrung hervorbrachte, und wozu Apporte von Gegenständen oder Verdoppelung von solchen, Glockentöne, Disintegration von materiellen Dingen, Präzipitation von Schriften oder Bildern und dergleichen Dinge gehören, waren harmlose Spielereien, denen sie durchaus keine Wichtigkeit beilegte. Es war deshalb auch keine Ursache vorhanden, daraus ein welterschütterndes Ereignis zu machen.

Das Böse steht immer, auch ohne dass es will, im Dienste des Guten. Die Verfolgungen, die Blavatsky erlitt, dienten dazu, ihre Lehren in der ganzen Welt bekannt zu machen. Das, wofür ihr die Welt zum Danke verpflichtet ist, sind nicht ihre Phänomene, sondern die Verkündigung der Lehren der uralten Weisheit, in denen der Schlüssel zur Lösung des Weltenrätsels enthalten ist.

Das hat sie nicht aus eigener Machtvollkommenheit, in ihrer Eigenschaft als „Madame Blavatsky“, sondern als eine Schülerin der Meister und als Initiierte unter den Adepten des Himalaja getan.

II. Teil
Unter den Rosenkreuzern und christlichen Mystikern

Dr. Franz Hartmann.

Unter den Rosenkreuzern und christlichen Mystikern

Es wird wenige Menschen in Europa geben, die für die Mystik ein Interesse und nicht schon von den alten Rosenkreuzern gehört haben, die im sechzehnten und siebzehnten Jahrhundert viel von sich reden machten. Auch später wurde viel über sie geschrieben, aber noch heutzutage wissen nur wenige, was man unter dieser Bezeichnung versteht, und jeder beurteilt diese Klasse von Menschen je nach dem Standpunkte, auf dem er selber steht. Die meisten sehen in den alten Rosenkreuzern nur eine geheime Sekte von abergläubischen Leuten, die sich während der dunklen Zeitperiode des Mittelalters mit Goldmacherei beschäftigten, und diese Anschauung hat insofern ihre Berechtigung, als sich unter dem Namen „Rosenkreuzer" eine Menge von Quacksalbern damit beschäftigten, sich selbst und die Welt zu betrügen. Die mehr Aufgeklärten wissen, dass es außer der Menge von falschen „Rosenkreuzern" auch echte gab, und sie betrachten die Letzteren als einen geheimen Orden, dessen Mitglieder sich mit religiösen und wissenschaftlichen Dingen beschäftigten. Historiker sagen, dass dieser Orden, infolge der vielen unreinen Elemente, die sich darin einschlichen, sich längst aufgelöst habe, und dass die letzten Mitglieder nach Indien ausgewandert seien. Sachverständige behaupten mit Bestimmtheit, dass Goethe, Stilling und Herder die letzten Rosenkreuzer gewesen seien.

Im Allgemeinen beurteilt die Welt alles nur nach der äußerlichen Form. Zerbricht die Form, oder wird sie verdorben, so wird auch der Geist von der großen Menge nicht mehr erkannt. Tatsächlich ist aber der Geist an keine besondere Form oder Namen gebunden, und die echten Rosenkreuzer existieren auch heute noch; denn das Wesen eines echten Rosenkreuzers besteht nicht darin, dass er Mitglied irgendeines äußerlichen Vereines ist, der diesen Namen trägt, sondern dass er zu jener Klasse von Menschen gehört, in deren Herzen das göttliche Licht der Selbsterkenntnis aufgegangen ist. Ein Rosenkreuzer ist daher nichts anderes, als ein wirklicher Christ im wahren Sinne des Wortes.

Hierzu braucht man weder ein gelehrter Theologe noch wissenschaftlich gebildet zu sein; davon zeugen unter anderen das Leben und die Schriften von Jakob Böhme, der ein erleuchteter Mystiker und ausgezeichneter Rosenkreuzer, aber äußerlich nur ein armer, unbelesener Schuhmacher war. Er war kein Mitglied irgendeines äußerlichen Vereins und trug keine äußerlichen Abzeichen zur Schau; die Welt konnte aus seinem Äußeren den ihm innewohnenden Geist nicht erkennen, und dennoch war dieser Geist der Vater unserer modernen Philosophie; aus ihm haben Schopenhauer und andere berühmte Männer ihr Wissen gezogen. Die Welt sieht nur die Schale, nicht aber den Kern; das Gefäß, nicht aber den Inhalt. Ja sogar das Gefäß, das sie sieht, ist nicht das eigentliche Gefäß des Geistes, sondern nur dessen äußere Umhüllung oder dessen Schatten, weshalb denn auch Jakob Böhme von seiner Persönlichkeit sagt:

„Dies ist der Schatten nur von dem Gefäß der Ehren,
Dem Gott vertrauet hat das Zentrum der Natur.
Wer mit ihm treffen will die rechte Lebensspur,
Muss durch die Feuers-Angst den Engel ausgebären."

Um das zu begreifen, müssen wir uns daran erinnern, dass Gott allgegenwärtig und das Wesen von allem ist, und dass ohne ihn und außer ihm nichts, das Wesen hat, existiert. Ein Rosenkreuzer aber ist der, der durch die Überwindung des Tierisch-Menschlichen zur Selbsterkenntnis des ihm innewohnenden Menschlich-Göttlichen, des „Engels" im Menschen gekommen ist. Das heißt mit anderen Worten, dass in einem solchen Menschen die Rose des Gottesbewusstseins erblüht ist, und er sich selbst als den im Materiellen und Sinnlichen gekreuzigten Sohn Gottes erkennt. Ein solcher Gottessohn erkennt den Vater nicht nur in seinem Innern, sondern in allen Geschöpfen und in jedem Menschen eine Erscheinung, in der Gott, je nach dem Grade der Entwickelung des betreffenden Menschen, mehr oder weniger offen- und erkennbar ist. Um Gott im Menschen zu sehen, handelt es sich nur um die Fähigkeit, tief genug in das Innere der Menschen schauen zu können. Das drückt der persische Dichter Niaz in folgenden Worten aus:[1)]

1. Den Herrn in jedem Dinge, Ihn schaute ich,
Verborgen und offenbar; Ihn schaute ich.
2. Sowohl wirklich als möglich erschien Er mir,
Ewig, vergänglich; Ihn schaute ich.
3. Jetzt dem eigenen Herrschergebote unterwarf Er sich,
Hier als Sklave, dort als Herrn, Ihn schaute ich.
4. Zu Zeiten ganz als Fremder erschien Er mir,
Dann wieder in Freundesgestalt; Ihn schaute ich.
5. Da auf des Reiches Herrscherstuhle saß Er,
Dort als Bettler Almosen heischend; Ihn schaute ich,
6. Bald ein Mönch hier und bald ein Büßer dort,
Als Schlimmster der Schlimmen; Ihn schaute ich.
7. In eines Tänzers oder Harfners Tracht trat Er vor mich:
Dann auch die Trommel schlagend; Ihn hörte ich.
8. Im Höflingskleide hier verbarg Er sich,
Oft ruhmreich regierend; Ihn schaute ich.
9. Oder dem liebetrunkenen Niaz gleich in Miene und Blick,
Mit wundem Herzen zu Tode verstört; Ihn schaute ich.

Da nicht jeder die Fähigkeit ausgebildet hat, mit geistigem Auge die Gottheit in der Menschheit zu schauen, so können auch die Rosenkreuzer als ein geheimer Orden betrachtet werden, deren Erkennungszeichen in ihren innerlichen Eigenschaften bestehen, und nicht für jedermann sichtbar sind. Der Tempel, in dem sie sich versammeln, ist der Heilige Geist, d. h. der Geist der Gotteserkennt-

1) Schnah Niaz Achmed Christi es Kadini, persischer Dichter und Theosoph, zu Sirhind geboren, wurde durch seinen Meister Mahmed Fakhruddin in seinem neunzehnten Jahre initiiert. Er verließ seine sterbliche Hülle im Alter von 77 Jahren..

nis, in dem alle einig sind, und der Grad, den ein Mitglied einnimmt, hängt von dem Grade seiner Liebe zum Höchsten und seiner Erkenntnis des Wahren ab. Solcher Art waren die „Rosenkreuzer", um die es sich in diesem Kapitel handelt, und über deren Namen und Aufenthalt es mir nicht erlaubt ist, nähere Mitteilungen zu machen, da sie in bescheidener Zurückgezogenheit leben, in der Stille und im Verborgenen geistig wirken, und nicht die Absicht haben, öffentlich aufzutreten. Ich kann daher nur Folgendes erwähnen:

Ich glaube, dass es keine besonders seltene Sache ist, wenn jemand einen ihm unbekannten Menschen im Traume sieht, und später in seinem Leben mit ihm bekannt wird, und ich weiß aus Erfahrung, dass es symbolische Träume gibt, die uns die Zukunft andeuten können. In der Neujahrsnacht des Jahres 1883—1884 hatte ich in Adyar (Indien) im Halbschlummer eine Vision, in der ich eine neben meinem Bette zusammengeringelte Riesenschlange sah, deren aufgerichteter Hals einen Menschenkopf hatte. Dieser Kopf hatte eine so stark ausgeprägte Individualität, dass mir dessen Gesichtszüge fest in Erinnerung blieben.

Es war ein Kopf mit hoher Stirne und eigentümlich leuchtenden Augen, die mich mit klarem durchdringenden Blick ansahen. Seine Erscheinung zeugte von Intelligenz, und der Schlangenkörper, als das Symbol der Weisheit, schien anzudeuten, dass in diesem Wesen Verstand und Weisheit vereinigt seien, und ich hatte den Eindruck, dass ich später einmal einem solchen Menschen begegnen, und er in meinem Leben eine nicht unbedeutende Rolle spielen werde.

Im Frühjahr 1885 reiste ich mit H. P. Blavatsky nach Neapel und wurde bald darauf mit einer kleinen Familie von christlichen Mystikern bekannt, die unter sich einen Kreis bildeten, der sich mit der Förderung des innerlichen Lebens beschäftigte. Dem Kreise standen zwei Personen als Führer und Lehrer vor, und in dem einen glaubte ich mit Bestimmtheit den Gegenstand meiner oben beschriebenen Vision zu erkennen, wenn auch der Kopf etwas weniger idealisiert, als ich ihn gesehen hatte, erschien. Das, und ferner der Umstand, dass mir vor meiner Abreise von Indien von höherer Seite der Rat erteilt worden war, die christlichen Mystiker zu studieren, bewog mich, der Sache näher zu treten. Bald war ich in den kleinen Kreis eingeführt, und es wurde mir gestattet, an den Zusammenkünften teilzunehmen, bei denen die größte Harmonie herrschte und der Mund der Lehrer Worte der Weisheit sprach. Es handelte sich dabei aber nicht um bloßen theoretischen Unterricht zur Belehrung, Unterhaltung und zum Zeitvertreib, sondern das Ganze war darauf abgesehen, eine praktische Schule für Yoga zu sein.

Es dauerte nicht lange, bis ich sah, dass diese Leute genau mit den Lehren der alten Rosenkreuzer, sowie mit denen der Geheimlehre der Inder, der Bhagavad Gita usw. vertraut waren, wenigstens stimmten ihre Lehren genau mit Letzteren überein; aber das Merkwürdigste bei der Sache war, dass diese Leute niemals ein Buch über dergleichen Dinge gelesen hatten, ja sie hatten, was in unserem Zeitalter der allgemeinen Schulbildung gewiss ein seltener Fall ist, gar nichts gelesen, denn sie konnten weder lesen noch schreiben; sie waren äußerlich nur ganz gewöhnliche Menschen, die sich ihr tägliches Brot durch angestrengte mechanische Arbeit verdienten.

Ich hatte in Amerika oftmals Gelegenheit gehabt, spiritistischen Sitzungen beizuwohnen, in denen salbungsvolle Reden gehalten wurden; aber die Medien, durch die die „Geister" sprachen, verstanden in der Regel selbst nichts von dem, was durch sie gesprochen wurde, und noch viel weniger befolgten sie die durch sie gegebenen guten Ratschläge selbst. Hier war es ganz anders. Die beiden „Leiter", von denen ich einen mit J. und den andern mit S. bezeichnen will, wussten nicht nur genau, was sie sagten, und verstanden es, sondern lebten auch den durch sie ausgesprochenen Grundsätzen gemäß.

Die Familie von S. war mir nicht ganz fremd; meine Eltern hatten schon zwanzig Jahre früher mit ihr in Beziehungen gestanden. Seine Mutter war unter den Eingeweihten schon damals bekannt als eine Frau, die besondere okkulte Kräfte (Siddhis) besaß, durch die sie kranke oder besessene Menschen und Tiere heilte und viel Gutes stiftete. Es ließe sich darüber manche merkwürdige Geschichte erzählen, ähnlich denen, die in Görres, „Die christliche Mystik" im dritten Bande beschrieben sind, und deren Aufzählung mir hier überflüssig erscheint.

Auch wurden die beiden in ihrer Jugend von einem Manne namens P ... unterrichtet, der für einen Rosenkreuzer und Alchemisten galt, und über dessen okkulte Begabung mir verschiedene Anekdoten mitgeteilt wurden, die darauf schließen lassen, dass er, gleich manchen indischen Fakiren, imstande war, die Bilder seiner Vorstellung auf andere Menschen zu übertragen, und sie auf diese Weise Dinge sehen zu machen, die äußerlich gar nicht vorhanden waren.[1)]

Aber alles das konnte das tiefe religiöse Wissen dieser Menschen nicht erklären, sondern dieses konnte nur aus der eigenen innerlichen Schauung hervorgegangen sein. Ihre Kenntnisse konnten nicht das Resultat logischer Schlussfolgerungen sein, denn dazu fehlte es an der hierzu nötigen Grundlage eines theoretischen Unterrichts; aber wenn es richtig ist, dass jeder Mensch in seinem Innern Gott und allwissend ist, zu was sollte es dann anderer Dinge bedürfen, um tiefer in die Geheimnisse Gottes einzudringen, als dass man sich Gott nähert, d. h. zu einer tieferen und höheren Erkenntnis Gottes im Innern des Herzens gelangt?

Die Kraft aber, durch die der Mensch zu einem höheren Bewusstsein und tieferer Selbsterkenntnis gelangen kann, wird von den christlichen Mystikern „der geistige Glaube", von den Indern Schraddha, d. h. die innerliche Überzeugung, genannt. Sie ist die

1) So z. B. wurde er einmal des Nachts beim Nachhausegehen von einem Wegelagerer überfallen: Aber als dieser auf ihn lossprang, sah er plötzlich vor sich ein Schaffott und die Henkersknechte, die ihn ergreifen wollten, und lief schleunigst davon, während P. ruhig nach Hause ging. Auch hatte P. die Macht, unedle Metalle zu veredeln. Einige Proben davon befinden sich in meinem Besitz.

Kraft des Gewissens, und nicht mit dem „intellektuellen Glauben“, d. h. mit dem Fürwahrhalten von Theorien zu verwechseln.

Der „praktische Okkultismus“ dieser Rosenkreuzer bestand in der Tat in nichts anderem, als in einer Methode, das Wachstum dieses höheren Bewusstseins zu fördern. „Das äußerliche, theoretische Wissen“, sagte S., „ist nicht zu verachten. Es ist ein Hilfsmittel für Sucher nach Wahrheit; aber die eigentliche Theosophie oder Selbsterkenntnis besteht nicht darin, dass man gelehrt über Evolutionstheorien, Ringe und Runden, Einteilungen und Systeme, über die Zustände der Bewohner der Mittelregion oder des Himmels und andere Dinge, die irgendein anderer Mensch gelehrt hat, reden kann, oder dass man das, was irgendjemand, sei es ein Mensch oder ein Geist, darüber gesagt hat, für wahr hält, sondern darin, dass man selbst zur eigenen innerlichen Wahrnehmung und Selbsterkenntnis der Geheimnisse Gottes im Weltall gelangt,“ „Unsere Schule“, fügte J. hinzu, „ist kein Magazin zur Aufbewahrung von Gelehrtenkram, so notwendig dergleichen auch für das Leben in dieser Welt erscheinen mag. Bei uns handelt es sich vielmehr um das Wachstum der innerlichen Kraft des Schauens und um die Eröffnung der innerlichen, geistigen Sinne; viel mehr um Vergeistigung und Veredlung, als um intellektuelles Forschen nach außen; nicht um äußerliche Redensarten und Rechthabereien, sondern um innerliche Erleuchtung und das innere Wort. Wenn das Wort Gottes im Herzen spricht, so ist das die Sprache der Wahrheit, und wer von der Weisheit selbst unterrichtet wird, bedarf keines anderen Unterrichts. Wer Gott in seinem Inneren findet, dem werden durch ihn alle Geheimnisse offenbar.“

„Da könnte ich lange suchen“, warf ich ein, „bis ich einen Gott in mir fände. Ich mag in mich hineinschauen, soviel ich will, ich finde dabei in mir nichts anderes als mich selbst.“

„Wohl dem“, antwortete J., „der sich selbst in Wahrheit gefunden hat, denn er hat Gott gefunden und jenen Wahn der Selbstheit verlassen, der die Ausgeburt der eigenen Vorstellung ist. Wer das wahre Selbst, das Gott ist, kennenlernen will, muss ein Sohn Gottes werden; denn niemand kann zum Vater kommen, als durch den Sohn. Wer Gott finden will, muss ihn nicht in der Fantasie, sondern im Geiste und in der Wahrheit suchen, in dem Gebete der Christen heißt, es: „Unser Vater, der du bist im Himmel." Wenn wir zu dem Vater, dem Schöpfer aller der Erscheinungen, die die Menschen für ihr „Selbst" halten, kommen wollen, so müssen wir in unserm Innern einen Himmel schaffen, in dem Gott wohnen und offenbar werden kann. Das ist die praktische Theosophie."

Ich bat S., mir eine kurz gefasste Beschreibung der von ihm befolgten Methode anzugeben, und er diktierte mir Folgendes:

„Der Mensch ist eine Stufenleiter geistiger Entwicklung. Es geht wie bei einem, der das Gras aus der Erde zieht. Zuerst lerne erkennen, auf den Füßen stehst du. Steige empor an dieser Leiter, setze die Stufen ein, und du wirst finden, dass es zwölf sind, die den Körper in ein Ganzes zusammenfassen. Dränge von oben nach unten, in den Mittelpunkt, das Herz. Da wirst du einen Keim finden, der durch das Gedankenlicht zum Wachstum kommt, und dieses Wachstum erstreckt sich auf die Sinne, die geistigen, in dir.

Lerne vom Baume der Erkenntnis essen, und von dem Baume des Lebens genießen die Frucht. Suche beide in dir, und so du sie erkennst und ihren Platz weißt, bist du angekommen auf der obersten Stufe der Leiter. Dann heißt es, jetzt lerne erkennen die Kraft, und diese Kraft überwindet den Tod, und so dieser Tod den Stachel verloren, stellt sich der Kubus des Lebens ins Herz. Eine Sonne bildet sich, ein Licht, das dein ganzes Ich erleuchtet. In ihm wirst du sehen Vergangenheit, Gegenwart und Zukunft. So ist dein Leben erschlossen und der neue Himmel aufgetan, in dem der Vollkommene sich bewegen wird. Steige empor aufs Meer und lerne schwimmen, wie ein Schwan, der nicht untergehen kann, und glücklich wirst du erreichen das Gestade der geistigen Welt in dir."

Ich muss gestehen, dass mir diese Sprache ebenso fremdartig und unverständlich klang, als sie den meisten, die dieses lesen, klingen wird, aber in der Selbsterkenntnis ist es nun einmal so, dass die Theorie erst dann klar verständlich ist, wenn sie durch die Erfahrung bestätigt wird; weshalb es denn auch bei mir manche Jahre gedauert hat, ehe mir der tiefe Sinn dieser Worte durch die innerliche Erfahrung wenigstens teilweise klar wurde, und ich erkannte, dass die darin enthaltene Wahrheit nicht hätte, klarer und deutlicher ausgedrückt werden können. Ebenso wenig wie ein Toter das Leben begreifen kann, ebenso wenig kann das geistige Leben im Menschen anders begriffen werden als dadurch, dass es erweckt wird, und wer geistige Kräfte erkennen will, der darf sie nicht mit dem Kopfe suchen, sondern muss sie mit Herz und Seele erfassen. Hierzu aber ist der Besitz gewisser Seelenkräfte nötig, deren Ausbildung oft langjähriger Übung bedarf. Erst wenn der Mensch die Kraft Gottes in seinem Innern als eine ihm selbst eigen zu teil gewordene erkennt; wenn er Recht und Unrecht, Ewiges von Vergänglichem innerlich unterscheiden kann und fest auf der Seite des Ewigen steht; dann steht er auf eigenen Füßen. Dann kann er anfangen, auf der Leiter emporzusteigen, und „es ist, wie wenn einer das Gras aus der Erde zieht", so zieht ihn das Bewusstsein nach und nach aus dem Leiblichen zum Geistigen, aus dem Geistigen zum Göttlichen empor.[1)]

Die gelehrte Welt hat lange Zeit vergeblich versucht in die Geheimnisse der Rosenkreuzer einzudringen, und schließlich die Sache mit den gewöhnlichen Schlagworten von „Betrug“ und „Aberglauben“ abgefertigt; aber wenn auch diese Geheimnisse von

1) Um das deutlicher und wissenschaftlicher zu erklären, ist es dienlich, die verschiedenen Hüllen (Koschas) zu betrachten, aus denen der menschliche Organismus besteht, so wie sie von Sankaracharyain seiner „Ta1la Bodha“ beschrieben sind. Das niedrigste Bewusstsein ist das des sichtbaren Körpers (Annamaya-Koscha); über diesem steht das Astralbewusstsein des Empfindungskörpers (Pranamaya-Koscha); dann noch höher das Bewusstsein, in dem der Mensch ganz in der Gedankenwelt lebt (Manomaya-Koscha); dann kommt das Reich der Erkenntnis abstrakter Ideen, das Bewusstsein des „Gewissenskörpers“ (Vijnanamamaya-Koscha), und schließlich die Form des seligen Daseins (Anandamaya-Koscha), die zu Nirvana (Allwissenheit und Allgegenwart) führt. Dieses Emporsteigen geschieht dadurch, dass der Wille stets auf das Höchste gerichtet bleibt. Hierdurch nimmt der Mensch Gott in sich auf und zieht Gott den Menschen zu sich empor.

den Hausdächern verkündet würden, so würden sie doch ewig geheim für alle bleiben, die sie nicht an sich selbst erleben. Denken wir uns einen Menschen ohne die Fähigkeit, sich selbst wahrzunehmen und zu empfinden; einen Menschen, der gar nicht wüsste, dass er einen Körper besitze. Wie könnte ein solcher Mensch von seinem körperlichen Dasein etwas wissen, oder die Kräfte dieses Körpers benutzen? Das ist tatsächlich mit der großen Mehrzahl der Menschen der Fall. Wir alle haben außer der äußersten Hülle, die unser sichtbarer Körper ist, noch verschiedene Hüllen oder Körper, von denen wir nichts wissen; wir stecken noch in verschiedenen für uns unsichtbaren Schalen, die wir nicht kennen, und von denen jeder sein ihm eigentümliches Leben, Bewusstsein und seine besonderen Kräfte hat. Wie könnten wir uns von diesen anderen und höheren Daseinszuständen einen klaren Begriff machen, als dass wir in sie gelangen, darin Erfahrungen machen, und auf dem Wege der Selbsterkenntnis zur Kenntnis dieses unseres eigenen höheren Daseins und der dadurch errungenen Kräfte gelangen?

Das Höhere kann wohl das Niedere erfassen; nicht aber das Niedere das Höhere, zu dem es wohl aufblicken, aber es nicht ergreifen kann. Der wahre praktische Unterricht in geistigen Dingen besteht nicht in einem Fürwahrhalten von Theorien und philosophischen Spekulationen, sondern in einem geistigen Wachstum, wobei das Niedere das Höhere in sich aufnimmt, davon ernährt wird, und am Ende selber zum Höheren wird. Demgemäß bestand auch der Unterricht in dieser Rosenkreuzer-Familie nicht in der Beantwortung müßiger Fragen zur Befriedigung des Wissensdurstes, noch in Erregungen der Empfindung durch schwungvolle Redensarten, sondern in der Aufnahme himmlischer Nahrung, und der Schüler selbst gab durch die Art der Beantwortung der an ihn gestellten Fragen Zeugnis von seinem Fortschritte in der Erkenntnis seiner selbst. Es nahmen auch eine Zeit lang Schulgelehrte und Theoretiker an diesen Versammlungen teil, aber sie verstanden es nicht, das himmlische Manna zu ergreifen, und sie kehrten bald wieder zu den Fleischtöpfen Ägyptens, d. h. zu den logischen Schlussfolgerungen, Spekulationen und Beweisen, die für die Blinden geschaffen werden, zurück.

Eine wissenschaftliche Erkenntnis des Wesens geistiger Kräfte ist nur dann möglich, wenn man diese Kräfte selber besitzt. Was würden einem Menschen alle gelehrten Theorien über das Wesen der Intelligenz oder des Denkens nützen, wenn er selbst ein Idiot wäre, keine Intelligenz und nicht die Fähigkeit hätte, einen Gedanken zu fassen? Was nützen uns alle philosophischen Spekulationen über das Wesen der Seele und die Unsterblichkeit, wenn wir nicht selber empfinden, dass wir selber Seelen sind, die den Keim der Unsterblichkeit in sich tragen? Was können uns die gelehrten Abhandlungen über das Wesen der göttlichen Eigenschaften nützen, wenn sie nicht in uns selbst als unsere eigenen Kräfte offenbar werden? Für einen Menschen, der Liebe, Gerechtigkeit und Geduld usw. nur vom Hörensagen oder aus dem Konversationslexikon kennt, existieren diese Prinzipien auch nur in seiner Fantasie. Sie sind für ihn erst dann wirklich vorhanden, wenn er sie empfindet, und er kann sie nicht empfinden, solange sie in ihm nicht zu fühlbaren Kräften geworden sind. Je mehr er sie dann ausübt, um so mehr werden sie in ihm erstarken und sich in ihm verkörpern.

Besser als alle Theorie ist die Erfahrung. Wenn jemand fragt: Was ist Glaube? Was ist Selbsterkenntnis? Was ist Gottesbewusstsein, Wahrheit, Freiheit, Licht, Ruhe, Reinheit, Selbstbeherrschung, Wille, Geist? Was ist Heiligkeit, Gott, Christus, der Heilige Geist, die Dreieinigkeit usw., so erlangt er die beste Antwort dadurch, dass er diese Kräfte in sich selbst erweckt oder erwachen lässt, wie ja auch niemand sich einen richtigen Begriff von irgendeiner Leidenschaft machen kann, wenn er sie niemals empfunden hat. Wer die göttlichen Kräfte in seinem Innern empfindet, ist sich ihres Besitzes bewusst, und es wird ihm nicht schwer sein, durch Wort und Tat Zeugnis von deren Dasein zu geben.

Somit ist alles wahre religiöse Wissen durch das eigene Werden bedingt, und im Grunde genommen besteht auch dieses nur in der Erkenntnis des Selbst, denn da Gott alles und außer ihm nichts ist, so ist er auch Mensch, und der Mensch in seinem wahren innersten Wesen ist Gott und braucht es nicht erst zu werden. Je näher der Mensch zur Erkenntnis seines wahren Wesens gelangt, um so mehr wird er sich seines höheren Daseins, das alle geistigen, seelischen und körperlichen Kräfte umschließt, bewusst.

Die Mittel hierzu sind in allen großen Religionssystemen angegeben, aber sie werden von denen, die das innerliche Leben nicht kennen und nur im Äußeren suchen, missverstanden. Die Bibel sagt: „Liebe Gott, deinen Herrn, über alles, von ganzem Herzen, von ganzer Seele, mit deinem ganzen Gemüte, und mit allen Kräften." Einer anderen Vorschrift bedarf es nicht. Wer den Höchsten mit allen seinen Kräften liebt, in dem werden die Kräfte des Höchsten offenbar werden, denn Gott selbst ist in ihm, weshalb auch in der Bibel gelehrt wird: „Wisset ihr nicht, dass ihr Tempel Gottes seid, und dass der Geist Gottes in euch wohnet, der seid ihr." Der Geist Gottes aber ist der Geist der göttlichen Selbsterkenntnis, die aus der selbstlosen göttlichen Liebe zum Höchsten entspringt. Diese Liebe, die nicht in den Hirngespinsten des Menschen, sondern in seinem Herzen wohnt, ist es, aus der die erlösende Kraft geboren wird, die uns emporhebt und allen Irrtum vernichtet. „Das Ewig-Weibliche zieht uns hinan."

Diese Gotteserkenntnis ist ein höchst einfaches Ding, und nichts anderes als die Selbstoffenbarung der ewigen absoluten Wahrheit im Innern des Menschen; aber gerade deshalb, weil das Absolute einfach und selbstverständlich und unteilbar ist, wird es von denen, die sich von der Wahrheit trennen, am allerwenigsten verstanden. Je mehr Vielwisserei im Kopfe eines Menschen angehäuft ist, um so leerer ist in der Regel sein Herz. Da er selbst ein kompliziertes Wesen geworden ist, so sieht er in allem nur das Zusammengesetzte, bezweifelt alles, will alles zergliedern und zerstückeln und verliert die Fähigkeit, die Einheit, das Wesen zu erkennen, aus der die Vielheit der Erscheinungen im Weltall entspringt. Wer ein Geschöpf nach dem anderen studiert, der kommt damit niemals zu Ende; wer aber den Schöpfer erkennt, aus dem alles hervorgeht, der kennt auch das Wesen aller Geschöpfe. Er sieht in jedem Menschen, in jedem Tiere, in jeder Form einen Gedanken Gottes, der durch das Geschöpf zum äußeren Ausdruck gelangt, und da er den Geist Gottes erkennt, so liest er auch diesen Gedanken, die Seele und das Wesen der Dinge in ihren Verhüllungen wie in einem offenen Buche. Hierzu ist aber Reinheit des Herzens und Freiheit des Geistes unbedingte Notwendigkeit, weil sich nur in einer von Selbstsucht reinen Seele die ewige Wahrheit widerspiegeln und offenbar werden, und nur ein freier und klarer Geist diese Offenbarung des Geistes erfahren kann. Das ist die Lehre der Bibel, die sagt: „Selig sind, die reinen Herzens sind, denn sie werden Gott schauen", und Gautama Buddha lehrte: „Das Herz zu reinigen und das Bösetun zu unterlassen, das ist die Religion aller Erleuchteten."[1)]

Wenn die göttliche Weisheit im gereinigten Herzen des Menschen erwacht, so erwachen mit ihr Dienerinnen, die göttlichen Kräfte, so wie es im Märchen von „Dornröschen" beschrieben ist. Alle die Eigenschaften, die man als Liebe, Gerechtigkeit, Geduld, Erkenntnis, Glaube, Zuversicht usw. bezeichnet, treten in sein innerliches Bewusstsein ein, werden zu seinen wesentlichen Eigenschaften und Kräften, und machen ihn tugendhaft, gerecht, liebevoll, gütig, keusch, bescheiden usw. Sie wachsen in ihm durch Pflege und Ausübung, und was ihm noch in seiner äußeren Natur von Unwissenheit und Leidenschaft anhängt, verschwindet nach und nach in dem Grade, in dem diese Kräfte wachsen. So wird durch die im Innern wirkende Kraft Gottes auch der äußerliche

1) Christliche Missionare haben versucht, es dem Buddhismus zum Vorwurf zu machen, dass er nur die Unterlassung des Bösen vorschreibe, während doch das Christentum Gutes zu tun empfehle: Aber dieser Vorwurf ist das Resultat einer oberflächlichen Auffassung der Worte Buddhas, denn der gottlose Mensch kann aus eigener Kraft nichts Gutes tun. Auch die Bibel sagt: „Niemand ist gut, als Gott." Ist aber das Herz gereinigt, so zieht die Gnade Gottes im Menschen ein und mit ihr alle Tugenden. Dann wirkt nicht mehr der Mensch das Gute, sondern Gott in ihm wirkt es durch ihn..

Mensch umgestaltet und an Seele und Leib gesund. So vertreibt nicht der Mensch, sondern das Licht in ihm die Finsternis, vorausgesetzt, dass er es nicht vorzieht, im Dunkeln zu bleiben.

Alles das wird auch in der Yoga-Philosophie der Inder gelehrt; aber es gehört die Gnade Gottes, Vidjnana vidya, oder was der Buddhist Atma Buddha, Seelenerkenntnis, nennt, dazu, um es zu verstehen. Wenn z. B. der Weise Patanschali sagt: „Yoga ist die Kunst, die Veränderungen der Gemütssubstanz (Chitttà) zu hindern“, so meint er damit nicht, dass das erkenntnislose Gemüt (Kama Manas) sich selber beherrschen könne, sondern es geschieht diese Beherrschung durch die Kraft Gottes in seinem Innern, mit der sich der Yogi im höheren Teile des Gemütes (Buddhi Manas, von Atma erleuchtet) vereint. Der Mensch selbst hat dabei nichts weiter zu tun, als in innerlicher Gemütsruhe zu verharren und alle Gedanken, Empfindungen und Eindrücke abzuweisen, die aus dem Reiche der Finsternis oder der Leidenschaft kommen und der Verbreitung des Lichtes hinderlich sind.

Das wird durch die Symbole der Rosenkreuzer, das Kreuz und die Rose, sinnbildlich dargestellt. Der Mensch selbst ist in seinem Innersten der an dieses irdische Leben gefesselte Prometheus, der in einem irdischen Körper gefangene von seinen Leidenschaften misshandelte, mit Dornen der Irrtümer gekrönte, zum Tode verurteilte und ans Kreuz des materiellen Daseins geschlagene Mensch. Da soll er ruhig hängen bleiben, bis die Prüfung vollendet ist; aber er soll dabei die Rose der Gotteserkenntnis in seinem Herzen pflegen, damit sie in ihm aufblühe. In ihrem Lichte findet er seine Zuflucht und die Erkenntnis seiner eigenen wahren Natur. So soll er innerlich auf der Leiter des Glaubens emporsteigen zur Verklärung, und sich von der geraden Linie zu Gott durch keine „Geister" oder „Autoritäten“, seien sie gut oder böse, abbringen lassen; denn wer nach äußerlichen Idolen sucht, kann das wahre Ideal in seinem Innern nicht finden, das sich für ihn nirgend anderswo als in ihm selbst verwirklichen kann. Dieses höchste Ideal ist die Gottheit in der Menschheit, in jedem Menschen das eigene, höhere, vom Selbstwahn befreite, göttliche Selbst aller Menschen, der Führer, Meister und Herr, Christus der Erlöser in uns,[1] der zu uns in unserem Herzen spricht: „Meinen Frieden will ich geben allen, die guten Willens sind, damit sie alle vereint zur Menschenwürde kommen, und von dieser zu mir gelangen, den Tod unter den Füßen, das Leben ins Herz, das Haupt zum Licht."

Um aber wieder zu meinem „Denkwürdigkeiten" zurückzukehren, so ist nur zu bemerken, dass ich unter den Theosophieschülern in Indien die Theorien, unter den Rosenkreuzern in Deutschland die Praxis kennenlernte, und dass der letztere Umstand mich bewog, in Europa zu bleiben. In Indien handelte es sich hauptsächlich darum, die verschiedenen religiösen Systeme kennenzulernen, sie miteinander zu vergleichen und so der Wahrheit, die allen diesen Systemen zugrunde liegt, auf Umwegen auf die Spur zu kommen; unter den Rosenkreuzern wurde mir der Weg gezeigt, den Geist der Wahrheit selbst und direkt zu ergreifen. Dort handelte es sich um eine theoretische Kenntnis der Yoga-Philosophie, hier um Yoga, d. h. die Vereinigung selbst. Beides ist nötig; denn ohne die richtige Theorie ist die Ausübung schwer, und ohne die Ausübung hat die beste Theorie keinen wirklichen Wert.

Ich beabsichtige somit im Folgenden die Lehren der Rosenkreuzer, in, soweit als meine fünfzehnjährigen Erfahrungen darin reichen, darzulegen, und insofern, als sie nicht an sich selbst schon klar genug erscheinen, sie durch Bezugnahme auf die Philosophie der Inder und Buddhisten dem intellektuellen Verständnisse näher zu bringen.

1) Vergl. Paulus an die Kolosser I, 27 und an die Galater IV, 19.

Die Lehren der Rosenkreuzer

Wahrheit ist in uns selber; sie entsteht
Nicht aus dem äußern Schein.
Ein Zentrum ist im Innersten der Wesen,
Wo in Vollkommenheit die Wahrheit thront.
Erkennen ist vielmehr ein Wegeröffnen,
Um die verborg'ne Helle zu befrei'n,
Als einem Lichtstrom einen Weg zu bahnen,
Der, wies uns fälschlich dünkt, von außen kommt.
Browning.

Die Religion der Rosenkreuzer besteht, wie bereits im Vorhergehenden auseinandergesetzt wurde, nicht in einem äußerlichen Beobachten, noch in einem bloßen Fürwahrhalten von Theorien, Dogmen und Glaubensartikeln, sondern geht aus den eigenen innerlichen Erfahrungen im geistigen Leben hervor, die für jeden, der das Glück hat, sie durch die Eröffnung seines Innern zu machen, zu den denkwürdigsten und freudigsten Erinnerungen seines Lebens gehören werden. Diese Erfahrungen bestehen in einem allmählichen Wachstum der innerlichen geistigen Selbsterkenntnis von innen nach außen und auch von außen nach innen bedingt durch das geordnete Emporsteigen auf der Himmelsleiter der geistigen Evolution zu immer höheren Daseinszuständen, von denen der eine den andern an Vertiefung und Ausbreitung der Wahrnehmung und Erkenntnis übertrifft. Auf jeder dieser Stufen ist der Mensch, wenn auch in seinem innersten Wesen derselbe, dennoch gleichsam ein anderer; denn je mehr seine Selbsterkenntnis wächst, um so mehr wird er sich seiner höheren Natur bewusst, bis zuletzt im Lichte seines wahren Selbstbewusstseins der Begriff seiner beschränkten Ichheit, das Produkt seines Irrtums verschwindet, und er sein wahres Ich, das die ganze Welt umfasst, als den Herrn aller Schöpfung erkennt. Das ist die wahre Religion und die theosophische Grundlage aller religiösen Systeme; alles andere ist nur Vorbereitung oder auch oftmals nur religiöser Zeitvertreib, Aberglaube und Schwärmerei.

Um dies dem intellektuellen Verständnisse näherzubringen, werfen wir einen Blick auf die Evolutionslehre der Vedanta-Philosophie, die mit der Lehre aller christlichen Mystiker übereinstimmt. Nach derselben geht die ganze Schöpfung aus der Gottheit hervor.

Diesen ursprünglichen Zustand können wir nicht anders als das absolute Bewusstsein, das für uns Unbewusstsein oder „Unterbewusstsein" ist, bezeichnen. Aus diesem entspringt das Leben und das relative Bewusstsein der Formen. Alle Geschöpfe sind gleichsam Gefäße, in denen die Lebenstätigkeit sich immer höher entwickelt. Je vollkommener der Organismus der Form, um so mehr kann sich das Universalprinzip des Lebens und Bewusstseins in ihrem Mittelpunkte entfalten. In Steinen, Chemikalien, dann in Pflanzen und Tieren äußert sich das Bewusstsein auf eine deren Organismen angemessene Weise als Gravitation, Wahlverwandtschaft, Sensibilität, Instinkt, Denkkraft usw.

Auf der niedersten Stufe ist der Mensch noch ein Tier, insofern als er sich nur seines tierischen Daseins bewusst ist; aber da alles aus Gott hervorgegangen ist, so ist auch in allem göttliches Wesen, und der menschliche Körper ist so beschaffen, dass in ihm sein göttliches Wesen sich entfalten und offenbar werden kann. Das menschliche Begriffsvermögen kann das göttliche nicht begreifen, weil es höher als alle Begriffe steht; aber in diesem Wesen selbst wohnt die Kraft, sich selbst zu erkennen, und indem dieses Licht der Selbsterkenntnis dem göttlichen Funken im Herzen des Menschen entströmt, wächst und sich ausbreitet, erleuchtet es Gemüt und Verstand des Menschen und erweckt in ihm das Bewusstsein seiner höheren Natur. Dieses Seelenlicht ist eine geistige Kraft und wird von den Rosenkreuzern „Glaube" genannt.

Es wird gefragt, weshalb der Glaube ein „Licht" genannt wird, und die Antwort ist, dass er ein Zustand des Bewusstseins ist; Bewusstsein aber ist Leben und Licht; von der Dämmerung der

Erkenntnis angefangen, bis zum vollen Tag des höchsten Selbstbewusstseins, in dem die Sonne der Weisheit scheint. Jedes Ding in der Schöpfung ist eine Form des Bewusstseins, ein Gottesgedanke, ein Licht, das seine Strahlen aus seinem Mittelpunkte sendet; jedes Ding ist ein Wort in der Sprache der Natur, das durch sein Dasein und Wesen sein Wesen und Dasein verkündet, und je herrlicher ein Ding ist, um so höher ist seine Kraft, um so größer sein Licht und um so erhabener das Wort, das sein Dasein und das Wesen seines Ursprungs verkündet.

Ein altes und wahres Sprichwort sagt: „Alle wahre Weisheit stammt von Gott, ist in Gott und führt zu Gott zurück". An Gott glauben, heißt das Dasein des Höchsten im Herzen empfinden; der Glaube ist das Bewusstsein seiner Allgegenwart, das durch sein Dasein sich selber beweist. Der Gottesfunke im Herzen ist das Bewusstsein des höchsten Daseins, eine Kraft, die, indem sie wächst, Gemüt, Seele und Körper durchdringt und durch ihre Vollkommenheit alles Niedere überwältigt und austreibt.

Das, was ein Mensch am meisten liebt, und woran seine Seele am meisten hängt, das ist sein Glaube, selbst wenn er es mit dem Verstande gar nicht begreifen kann; das, was er nicht liebt, kann er auch in Wahrheit nicht glauben, wenn er es auch intellektuell begreift; denn der Glaube ist die Kraft der Vereinigung, und wo keine Liebe, keine Anziehung ist, da ist keine Vereinigung und folglich keine Selbsterkenntnis möglich; denn niemand kann eine Kraft als seine eigene erkennen, wenn sie nicht durch ihre Vereinigung mit ihm sein eigen geworden ist.

Wer nur etwas Vergängliches liebt, der glaubt an Vergängliches, vereinigt sich mit ihm und wird wieder verwandelt; denn der Bewusstseinszustand, in den er dabei verfällt, ist nicht von ewiger Dauer; wer aber das höchste Ideal über alles liebt, der hat den höchsten Glauben, die höchste Kraft; er ist auf dem Wege zur Vereinigung mit dem höchsten Ideale, und das höchste Ideal wird in ihm selber verwirklicht. Deshalb spricht, wie die Bhagavad Gita lehrt, die Gottheit zum Menschen: „Wer mich über alles liebt, der geht in mich ein, und sein eigen wird meine Größe, mein Wesen, meine Kraft und Herrlichkeit". Wir müssen uns aber, um das nicht misszuverstehen, vor Augen halten, dass die Gottheit, die so zum Menschen spricht, kein fremder Gott, sondern der Schöpfer von allem, d. h. der Urgrund aller Dinge und folglich auch die Quelle und der Grund unseres eigenen Wesens und Daseins ist.

Die Fantasie ist ein flüchtiges Ding; sie hüpft in einem Augenblicke in die entferntesten Regionen des Weltalls, fällt aber immer wieder auf die Erde zurück.

Die Liebe zu einem Dinge, das wir in unserer Fantasie geschaffen haben, ist nicht eine Liebe zum Wahren, sondern zu einem Fantasiegebilde, und verändert sich mit den Schöpfungen unserer Fantasie.

Das göttliche Selbstbewusstsein (der Glaube), das aus der standhaften Liebe zur Wahrheit entspringt, ist nicht veränderlich; wer es einmal erlangt hat, kann es nie wieder gänzlich verlieren; denn es ist das Ewige im Menschen selbst, das Ewiges fühlt und erkennt.

Die Erweckung dieser Kraft hängt nicht, so wie die Sprünge der Fantasie, von der Willkür des Menschen ab, sondern so wie die Pflanze ohne eigenes Strecken durch Aufnahme von Nahrung wächst, so findet beim Menschen durch die innerliche Aufnahme des Geistes der Selbsterkenntnis ein langsames und oft unmerkliches Wachstum im Innern statt, wodurch die Seele vom Niedern zum Höhern, vom Höhern zum Höchsten emporgetragen wird, wenn sie den Widerstand des Sinnlichen überwindet, wie ja auch die Pflanze nicht durch Nachlässigkeit wächst, sondern ihr Wachstum dadurch ermöglicht, dass sie mit ihren Wurzeln eifrig zwischen den Steinen nach der Nahrung sucht, die für sie tauglich ist.

Die indische Philosophie spricht von verschiedenen Bewusstseinszuständen oder Daseinsplänen, die der menschliche Geist durchdringen und durch die die menschliche Seele emporwachsen muss, um zur Selbsterkenntnis des höchsten Daseins (Brahmavidya) zu gelangen, und diese sind von Shankaracharya in seiner

„Tattwa Bodha“ oder „Daseinserkenntnis“ beschrieben. Dementsprechend haben die Rosenkreuzer aus ihrer eigenen innerlichen Erfahrung zwölf Stufen des Glaubens oder „Seelenbewusstseins“ kennengelernt. Diese werden wie folgt angegeben:

1. Der Same, d. h. der in jedem Menschen enthaltene Funke des geistigen Lebens und der Gotteserkenntnis. Da Gott das alleinige wahre Wesen aller Dinge, und alles, was sich uns objektiv darstellt, an sich selbst nichts als wesenlose Erscheinung ist, so ist Gott auch in allen Dingen; aber nur in den Geschöpfen, die auf der Stufe der Menschheit angelangt sind, ist die Fähigkeit der göttlichen Selbsterkenntnis zu einer entwicklungsfähigen Kraft geworden; in den niederen Geschöpfen schläft sie noch, d. h., sie ist in ihnen nur latent oder „potenziell“ vorhanden und harrt der Entwicklung im Verlaufe der künftigen Evolutionsperioden.

2. Ernährung. Wir wissen, dass, wenn es keine Sonne und Sonnenschein gäbe, so gäbe es auf der Erde auch kein Feuer und Licht; denn wenn Holz oder Kohle verbrannt wird, so bedeutet das nichts anderes, als dass die darin aufgespeicherte und gebundene Wärme und das Licht wieder durch die Verbrennung frei werden. Dergleichen, wenn es keinen Geist Gottes im Weltall gäbe, so könnte er auch nicht im Menschen offenbar werden. Aber der Geist Gottes ist überall; die Ordnung im Weltall und die Wirkungen seines Gesetzes in der Natur zeugen von seiner Gegenwart, und überall wird Gleiches durch Gleiches ernährt. Ein bekanntes Sprichwort sagt: „Wie es unten ist, so ist es oben, und es ist nichts so gering auf der Welt, dass nicht, wenn das Untere sich regt, das ihm vorgesetzte Obere sich ihm entgegenregt.“ Wenn somit die Liebe zum Höchsten im Herzen des Menschen sich regt, so kommt ihm die Liebe des Höchsten entgegen; Gott opfert sich selbst.

3. Erkenntnis. Aus dem geistigen Wachstum entspringt die Erkenntnis. Je mehr sich der Mensch durch die Kraft der Liebe in seinem Bewusstsein mit der ihm innewohnenden göttlichen Natur vereinigt, um so mehr erkennt er die als sein eigenes göttliches Wesen. Es ist da von keinem objektiven Erkennen, weder äußerlich noch innerlich, die Rede, um etwas gegenständlich zu erkennen, muss es ein Gegenstand, d. h. etwas von uns Getrenntes sein. Je mehr wir Gott objektiv betrachten und wissenschaftlich erforschen wollen, um so mehr trennen wir uns von ihm, und verfallen dem Selbstwahn und Eigendünkel, der uns unsere wahre Natur verbirgt. Die Weisheit Gottes ist keine menschliche Weisheit. Nicht der irdische Mensch erkennt Gott, sondern der Gottmensch erkennt sich selber in ihm.

4. Reinigung. Es gibt kein reinigenderes Mittel als das Feuer und Licht, im Äußern sowohl als im Innern. Wenn die Liebe zum Wahren im Innern entflammt, so entspringt aus ihr das Licht der Erkenntnis, vor dessen Strahlen die Schatten der Lüge und des Irrtums verschwinden. Das Feuer ist der Wille. Wenn dieser gut und kräftig ist, so findet von innen nach außen eine Reinigung statt; die falschen, aus verkehrten Begierden und Vorstellungen gebildeten Scheinzustände unseres Wesens verschwinden, und das wahre Ich kommt zum Vorschein. Um das klarer zu machen, stellen wir uns vor, dass Gott das wahre Ich des Weltalls ist, und jeder Mensch ist ein personifizierter Gottesgedanke, der durch diese Personifizierung eine eigene Ichheit erlangt.

Demnach wäre dann der alleinige Gott in zahllosen Erscheinungen personifiziert. Jede dieser Persönlichkeiten hat wieder eigenen Willen und eigene Vorstellungen, woraus wieder vielerlei „Geister“ entspringen, deren Schöpfer der Mensch selbst, wenn auch, ohne dass er es weiß, ist, und jeder dieser in ihm wachsenden Bewusstseinszustände stellt gleichsam ein „Schein-Ich“ in seiner Welt dar, das zu seinem Ich in einem ähnlichen Verhältnis steht, wie er zu Gott. Diese falschen Iche, die Repräsentanten seiner Begierden und Leidenschaften, werden durch die Kraft des erwachenden wahren Selbstbewusstseins entfernt.

Ohne dieses Selbstbewusstsein ist der Mensch nicht nur eine einzige Persönlichkeit, sondern eine immer wechselnde Reihe von solchen, von denen bald die eine, bald die andere zum Vorschein kommt. Durch die Reinigung tritt der Mensch aus der Vielheit heraus und kehrt zu seiner eigenen Einheitlichkeit, d. h. zu sich selber zurück. Nehmen wir einen Vergleich aus der äußeren Natur, so stellt der klare Himmel das reine Gemüt des Menschen dar; die sich stets verändernden Wolken sind Persönlichkeiten. Der in geistiger Finsternis wandelnde Mensch hält die Wolke für sein eigenes Ich; der Mensch, in dessen Gemüt die Sonne der Weisheit aufgegangen ist, deren Licht die Wolken zerteilt, erkennt in sich selbst die Klarheit des Himmels und sein wahres Ich als die Sonne, deren Licht seinen Himmel mit ihrer Herrlichkeit erfüllt.

Die okkulte Philosophie lehrt, dass die Substanz des Gemütes äußerst plastischer Natur ist, und verschiedene Formen annehmen kann. Jeder vom Willen durchdrungene Gedanke bildet darin eine Form, deren Gestaltung dem Charakter des Gedankens, aus dem sie entspringt, entspricht. Die Gedankensphäre des Menschen ist bevölkert von solchen kristallisierten Ideen, sie sind die Bewohner seiner Gedankenwelt. Edle Gedanken nehmen eine edle Form, unedle hässliche Formen an. Durch den reinigenden Einfluss des Geistes der Wahrheit werden alle dem Selbstwahne entspringenden Vorstellungen ausgetrieben und zerstört.[1)]

Da das Gemüt (die Seele) durch den Astralkörper aufs Innigste mit dem materiellen Körper verbunden ist, so geht die das Gemüt reinigende Kraft auch auf den physischen Körper über und kann in ihm Zustände hervorrufen, deren Betrachtung uns hier zu weit führen würde.

5. Verklärung. Ist das Unreine fortgeschafft, so tritt im Gemüte himmlische Ruhe und Klarheit ein, die sich auch im Äußeren des Menschen widerspiegeln. Sie findet dadurch statt, dass der Mensch seinen Selbstwahn überwindet, und nicht mehr für seinen persönlichen Vorteil, sondern nur mehr für das Wohl des Ganzen wirkt. Auf dieser Stufe wird das Menschheitsgefühl

1) Diese Schein-Iche, die dem Auge des Hellsehenden sichtbar sind, können sogar äußerlich sichtbar werden. Das erklärt die verschiedensten gutartigen und bösartigen Erscheinungen im Leben der Heiligen, von denen z. B. in Görres' „Christliche Mystik" eine Menge von Beispielen zu finden sind.

im Menschen zur Kraft lebendig, er erkennt sich selbst als Ganzes im Ganzen und tritt dadurch in den Verkehr mit den Göttern, weil sich diese Verklärung auch auf seine geistigen Wahrnehmungskräfte erstreckt.

6. Der mystische Tod. Die Folge dieses Zustandes ist das gänzliche Absterben aller selbstsüchtigen Neigungen, Begierden und Leidenschaften. Der Mensch, der zur Selbsterkenntnis seines höheren Ichs gekommen ist, steht nicht mehr unter der Herrschaft seiner niederen Natur. Er erkennt seine Stellung im Weltall und sieht, dass seine persönliche Erscheinung auf Erden nur sein eigener Schatten ist. Er ist auferstanden aus dem Grabe; sein Körper wandelt auf Erden, er selbst ist ein Bewohner der Himmelswelt. Für ihn gibt es keinen Tod.

7. Gerechtigkeit. Wer den Geist des Ganzen begriffen hat, begreift auch das Gesetz, und dieses Gesetz ist die Liebe zum Guten in allem, die keinen Unterschied macht, und kein Geschöpf zum Nachteil eines anderen begünstigt, sondern allen Gerechtigkeit widerfahren lässt. In diesem Zustande gibt es keine Zweifel mehr über das, was Recht oder Unrecht ist. Hier herrscht völlige Unparteilichkeit der Gerechtigkeit und des Urteils, das nicht gebogen oder gefälscht werden kann, sondern alle Sachen recht richtet, und alle Dinge in der Waage der Billigkeit abwägt; auch aller Unterdrückung, Grausamkeit und allem Betrug sich widersetzt.

8. Weihe oder Initiation, mit andern Worten Heiligung. Der Mensch hat nicht nur eine sündhafte Natur überwunden, sondern sie ist von der Kraft des Guten erfüllt und sträubt sich gegen die Sünde. Diese Kraft überwindet alle sich widersetzenden Mächte und bildet gleichsam eine Schutzmauer um die Seele, durch die nichts Böses mehr eindringen kann.

9. Wiedergeburt, d. h. Übergang aus dem Verweslichen ins Unverwesliche. Der himmlische Mensch wird im irdischen Menschen offenbar; der Geist durchdringt und belebt das Innere und verwandelt die niedern verweslichen Seelenkräfte in unverwesliche höhere. Der im Geiste wiedergeborene Mensch verhält sich zu seiner sterblichen Persönlichkeit ähnlich wie die Rose an dem Strauche, auf dem sie gewachsen ist, oder wie die Frucht eines Baumes zum Baume; beide sind in Substanz eines, und dennoch in ihren Eigenschaften gänzlich voneinander verschieden. Der im Geiste Gottes wiedergeborene Mensch ist die Blume, die der Baum seines Lebens getragen hat, und auch die reife Frucht, die den Samen für künftige Geschlechter (Reinkarnationen) enthält.[1)]

Dieser Same ist das Wort Gottes im Menschen oder der Gottesfunke der ewigen Liebe, ohne den der Mensch nichts anderes als ein intellektuelles Tier und keines wahrhaft geistigen Fortschrittes fähig wäre. Es ist der Geist Gottes im Menschen, und außer diesem ist im Menschen in Wahrheit kein anderer Geist; denn das, was der intellektuelle Mensch seinen eigenen Geist nennt, ist nichts anderes als eine durch den Geist Gottes angeregte und oftmals verkehrt angewandte Denktätigkeit, vergleichbar mit einem Tautropfen, der im Sonnenlichte in vielerlei Farben funkelt und blitzt.

10. Geistige Schauung. Wenn der Himmel des Gemütes im Menschen klar geworden, und der Mensch durch die Wiedergeburt im Geiste Gottes zur göttlichen Selbsterkenntnis gekommen ist, dann ist ihm auch alles im Reiche des Geistes klar, denn er sieht alles im Lichte der Sonne der Weisheit, die in seinem Innern aufgegangen ist; ja, er ist selbst diese Sonne und durchleuchtet

1) Das Wort Reinkarnation wird vielfach missverstanden. Richtig aufgefasst stimmt die Lehre der Indier von der Wiederverkörperung ganz mit der christlichen Lehre von der „Auferstehung des Fleisches“, wenn auch diese richtig verstanden wird, überein. Dasjenige vom Menschen, das im Geiste wiedergeboren in Gott eingegangen ist und dem Gottmenschen angehört, braucht sich nicht wieder auf Erden zu verkörpern, sondern es sendet einen Lichtstrahl (Samen) seines eigenen Wesens aus, der die neugeborene irdische Persönlichkeit befruchtet und belebt. Diese Persönlichkeit ist aber aus den „auf Erden“, d. h. in der Astralwelt zurückgebliebenen niederen, „verweslichen“ Seelenkräften gebildet, die im Gegensatz zum Geiste als „Fleisch“ (Kama Manas) bezeichnet werden. In der Sprache der Mystiker wird das Unverwesliche (Buddhi Manas) das „Fleisch Christi“, das Verwesliche (Kama Manas) das „Fleisch Adams“ genannt. Letzteres entspricht den Skandhas der Buddhisten, d. h. den irdischen Neigungen, Talenten, Geistesrichtungen usw., die der Mensch mit sich auf die Welt bringt.

alles durch sein eigenes Licht. Seine geistigen (himmlischen) Sinne sind eröffnet; nicht nur das Auge, sondern auch das Ohr, das Gefühl, Geruch und Geschmack, und die geistige Welt hat für ihn keine unerforschlichen Geheimnisse mehr.

11. Harmonie oder Vereinigung. In diesem Zustande der Vollkommenheit, der nicht vorübergehend, sondern dauernd ist, erkennt der Mensch sein eigenes göttliches Selbst als den Schöpfer in allen Geschöpfen; nicht nur in allen Menschen, seien sie gut oder schlecht, sondern auch in allen Tieren, Göttern, Engeln und Dämonen; überhaupt in allem, denn es geht alles aus diesem Selbst hervor. Diese Selbsterkenntnis ist für ihn nicht mehr das Resultat logischer Spekulation, sondern Selbstrealisierung und macht aller Uneinigkeit, Disharmonie und Spaltung ein Ende, die der innerlichen Ruhe und dem Frieden hinderlich sind.

12. Gott, d. h. Vollkommenheit. Der letzte Schatten von Eigenheit verschwindet. Der mit Gott Eins gewordene Mensch ist im Geiste Gottes allwissend, allgegenwärtig, allgütig. Es ist der höchste Zustand der Selbsterkenntnis und Seligkeit, im Indischen Satchitananda (Daseins-Erkenntnis-Seligkeit) genannt.

Es wird nun klar sein, dass es den Rosenkreuzern nicht so sehr um intellektuelle Forschung und Vielwisserei, als vielmehr um die göttliche Selbsterkenntnis zu tun war und um die Kraft des wahren Glaubens, der zu dieser Gotteserkenntnis führt; denn im Vergleiche mit der Erkenntnis des wahren Selbsts aller Wesen, das der Herr des Himmels und der Erde ist, hat alles menschliche Wissen nur einen höchst unbedeutenden und nebensächlichen Wert, und ist ohne den wahren Glauben völlig wertlos, weshalb denn auch ein Motto der alten Rosenkreuzer lautete: „Ich suche nichts und will nichts und begehre nichts zu wissen, zu besitzen oder zu kennen, im Himmel oder auf Erden, als Christus den Gekreuzigten in mir."

Damit waren sie aber durchaus nicht, wie man glauben könnte, bescheiden; denn wer in seinem Innern den Herrn seiner selbst, den Gottmenschen kennenlernt, was nur dadurch geschehen kann, dass er Eins mit ihm wird, erkennt und besitzt alles in ihm; er hat sich selbst als seinen Herrn gefunden, den Meister, der ihn alles lehrt, das Licht, das alles erleuchtet. Diese innerliche Erleuchtung und Selbsterkenntnis ist unvergleichlich höher als alles äußerliche und theoretische Wissen. „Wenn du wissen willst, was die göttliche Liebe ist, so gehe ein in das innerste Heiligtum deines Herzens, wo diese Liebe wohnt, und wenn du sie findest, so wirst du besser wissen, was ihr Wesen ist, als wenn du die ganze Gelehrtenwelt in Bewegung setzen würdest, um diese Frage zu beantworten." Alle Lehren der Weisheit haben nur den Zweck, uns zu diesem höchsten Ziele, der wahren Selbsterkenntnis zu leiten und sind wertlos, wenn sie diesen Zweck nicht erfüllen. Was nützt es uns z. B. (um mit Thomas von Kempen zu reden), wenn wir gelehrt über das Wesen der heiligen Dreieinigkeit reden können, wenn wir nicht selber im Besitze dieser Dreieinigkeit sind, wo der ewige Vater mit dem unsterblichen Sohne Eins ist in dem Geiste der Erkenntnis seines göttlichen Selbsts? Nicht nur das Wissen oder das müßige Fürwahrhalten, sondern die Tat ist der Weg.

Alles das wird nicht nur in der Bibel, sondern auch in der Bhagavad Gita gelehrt und darin gefunden, wenn man diese Schriften im Lichte der Selbsterkenntnis liest und versteht. Aber die Schriften der Weisen sind wie ein tiefer und klarer See. Der Kurzsichtige sieht nur die auf der Oberfläche sich kräuselnden Wellen, die durch seine eigene Unruhe entstanden sind; der tiefere ruhige Beobachter sieht die Fische darin, aber der mutige Schwimmer taucht hinab auf den Grund und entdeckt mit der Hilfe des Lichtes von oben herrliche Perlen und kostbare Schätze der Weisheit.

Christus sagt: „Ich bin das Haupt und ihr seid die Glieder. Niemand kann zum Vater kommen, als durch den Sohn". Da handelt es sich denn darum. Christus als unser eigenes Haupt oder Gedankenlicht, nicht aber das Haupt eines anderen Menschen, zu finden, und selber Söhne des Lichtes, des Vaters, der im Verborgenen wohnt, zu werden. Die Bhagavad Gita lehrt uns ein Emporsteigen aus dem Bewusstsein des physischen Körpers (Stuhla

Scharira) zum Bewusstsein des Seelenkörpers (Sukschma Scharira), von diesem zu dem des unverweslichen Geisteskörper (Karana Scharira) und durch dieses zum Logos, durch das allein Brahma erkannt werden kann, und die Kraft, die uns dieses Emporsteigen ermöglicht, ist die Wahrheit und deren Licht, der „Glaube“ genannt. Wenn im Menschen kein Funke dieses göttlichen Lichtes vorhanden wäre, so könnte sich auch in ihm kein göttliches Leben entfalten; dann wäre der Mensch nichts weiter als ein geistloses Produkt einer geistlosen Natur.

Die ganze Aufmerksamkeit der Rosenkreuzer ist daher auf die Pflege des innerlichen Wortes Gottes gerichtet, so wie es auch H. P. Blavatsky in ihrer „Stimme der Stille“ lehrt, und worüber Jakob Böhme sagt: „Wenn du nur einen Augenblick stille halten, könntest von deinem eigenen Wollen und Denken, so würde Gott in dir wollen und denken, und du würdest sein Wort in deinem Herzen vernehmen.“ Dieser Zustand, der nicht in Willenslähmung und Gedankenlosigkeit besteht, sondern über alles eigene Wollen und Denken erhaben ist, wird von den Indern Samadhi (Überbewusstsein oder auch Gottesbewusstsein) genannt. Vielleicht wäre „Gottvollheitssein“ die beste Bezeichnung.

Goethe lässt darüber seinen „Faust“ zu Gretchen sagen:

„Erfüll' davon dein Herz, so groß es ist,
Und wenn du ganz in dem Gefühle selig bist,
Nenn' es dann, wie du willst,
Nenn's Glück! Herz! Liebe! Gott!

Es hat wohl mancher schon in seinem Leben für kurze Augenblicke eine solche Seligkeit empfunden, die nicht der Fantasie, sondern dem Herzen entsprang; aber bald drängten sich wieder andere Begierden und Gedanken ein. Für den Meister der Liebe dagegen ist eine solche Begeisterung kein leeres Strohfeuer; der wahre Rosenkreuzer weiß dieses Feuer zu erhalten, sodass es weder erkaltet, noch zu sehr auflodert und dann erlischt. Die Seele ist das Gefühl, aus diesem entspringt der Gedanke, und dieser wird offenbar als das Wort. Jedes Ding in der Natur ist ein Wort in der

Sprache der Natur und gibt durch seine Erscheinung Zeugnis von seinem Wesen. Wird die Wahrheit in der Seele empfunden, so entspringt aus ihr die Erkenntnis, und sie wird offenbar durch die Tat im Inneren und Äußeren. Die Tat im Inneren ist die innerliche Offenbarung des Wahren, die unvergleichlich besser ist als alles theoretische Wissen.

Aber auch im Äußeren ist Gott überall offenbar; es handelt sich nur darum, dass wir seine Offenbarung erkennen. Alles, was wir in der Natur sehen, ist Wahrheit; nur müssen wir, um sie zu erkennen, lernen, den Schein von der Wahrheit und dem Wesen zu unterscheiden. In allen Dingen spricht Gott zu uns, wir brauchen nur seine Sprache zu verstehen.

Im Grunde unseres Herzens sagt uns Gott, dass er der ewige Urgrund, die ewige Ruhe ist, im ganzen Weltall erkennen wir ihn als das eine Leben, das alles belebt; in jeder Kraft gibt er uns Zeugnis davon, dass er die ewige Urkraft ist, aus der alle Kräfte entspringen; im Reiche des Materiellen steht er da als das eine Grundprinzip aller stofflichen Erscheinungen; Gottes Größe erkennen wir in der Unendlichkeit des Weltenraumes, dessen Grenzen undenkbar sind, seine Gerechtigkeit erkennen wir in seinem Gesetze und seine Macht in seiner Offenbarung in der ganzen Natur. Wir finden Gott als unteilbare Einheit in seiner Allgegenwart, in seinem Worte als die ewige Wahrheit, in seiner Reinheit als das Licht im Innern und Äußern, in uns selbst als den Herrn des Himmels und der Erde, in seiner Güte als die Quelle alles Guten, in seiner Liebe als die absolute Liebe selbst, die sich ohne Unterschied der Person zu allen herniedersenkt, im Glauben als die Kraft, die uns zu ihm emporzieht; in der Hoffnung als das Endziel alles Daseins, in der Geduld als der Friede, der die Seele erfüllt. So wird die absolute und beziehungslose Gottheit offenbar als Gott und stellt sich uns als Gott in den verschiedensten Eigenschaften dar, je nach dem Standpunkte, von dem wir ihn betrachten; in Bezug auf die Schöpfung als der Schöpfer aller Dinge, der alles aus sich selber schöpft und es durch seinen Geist gestaltet; in Bezug auf uns selbst als der Erlöser; in Bezug auf die

Zeit als die Ewigkeit, in Bezug auf die Formen als der Raum; in Bezug auf das Wissen als die Weisheit usw., und dennoch ist Gott, als das eine Wesen aller Dinge, nichts anderes als unser eigenes wahres Selbst. Er ist in dieser Beziehung der Alleinige, außer dem nichts existiert, das A und O, der Anfang, die Mitte und das Ende von allem; er ist unfassbar und unnahbar, und doch kann ihn jeder finden, wenn er sich nicht von ihm trennt; er ist unendlich fern und doch ewig nah. Wer ihn ernstlich sucht, der findet seine Größe im Selbstbewusstsein, seine Ruhe in seiner Liebe, sein Licht in der Erkenntnis seiner selbst, seine Güte in seiner Offenbarung, sein Reich in seiner Barmherzigkeit, seine Kraft im Willen usw.

Alles das sind keine Theorien oder Meinungen, die irgendjemand im Vertrauen auf die Glaubwürdigkeit eines Lehrers anzunehmen braucht, sondern Lehren der Weisheit, die aus der eigenen Selbsterkenntnis hervorgehen, die jedermann offen steht, und folglich von jedem selber gefunden und bestätigt werden können. Wer sich selbst davon überzeugen will, wie es hoch oben auf dem Berggipfel aussieht, der muss selbst auf den Gipfel steigen und nicht im dunkeln Tale bleiben; wer auf den Berg des Glaubens gelangen will, wo das Licht der Selbsterkenntnis wohnt, der muss in der Kraft des geistigen Glaubens emporsteigen zum Lichte; denn unten im Tale herrscht die Finsternis und brennt nur das Feuer der Leidenschaft. Moses (die Weisheit) sah Gott im „brennenden Dornbusch“, der aus Irrtümern und Leidenschaften zusammengesetzt war. Wenn dieser „Dornbusch“ verbrennt, dann geht die Dummheit (Tamas) und Leidenschaft (Radschas) zugrunde, und das Wahre erkennt sich selbst in seinem eigenen Wesen.

Irgendwo in der Bibel ist gesagt, dass Jesus (das Licht der Seele) an einem Orte, wo er lehrte, nichts ausrichten konnte, weil diese Leute dort von der Wahrheit nichts wissen, sondern nur interessante Neuigkeiten hören wollten, und er ging betrübt von dannen. Solche Orte sind überall in den Herzen und Köpfen der Menschen. Die ganze Theosophie besteht in nichts anderm als in der Erkenntnis des uns allen innewohnenden göttlichen Selbst; alles andere ist Nebensache und höchstens ein Mittel zum Zweck, aber oft auch irreleitend, denn alles Schwärmen nach außen ist Schwärmerei; wer aber das Wesen aller Dinge in sich selber erkennt, dem werden in dieser Erkenntnis alle Geheimnisse klar.

Das Reich des Wissens ohne eigene Erfahrung ist das Reich von Wahrscheinlichkeiten, nicht aber der Wahrheit. Wahrscheinlichkeiten haben nur den Zweck, uns auf den Weg zu leiten, auf dem wir selbst nach der Wahrheit suchen können. Wenn ich auch in zehntausend Büchern logische Beweise von der Unsterblichkeit der Menschenseele fände, so könnten diese nichts weiter als die Möglichkeit darlegen, nicht aber das Bewusstsein des unsterblichen Daseins in mir selber erwecken. Der Stoff, aus dem ein Stein oder ein Baum gemacht ist, ist auch unsterblich; denn es geht nichts aus dem Weltall verloren; aber er weiß nichts davon. Ein Dasein, dessen ich mir nicht bewusst bin, und von dem ich nichts empfinde oder wahrnehme, ist kein Dasein für mich und eine Unsterblichkeit ohne Bewusstsein, ein Leben ohne Lebendigsein, ein Wort ohne Sinn.

Auch kommt die Selbsterkenntnis der Wahrheit nicht aus äußerlichen Offenbarungen von Geistern, Göttern oder Gespenstern. Selbst wenn ein Engel vom Himmel herniedersteigen und mir die erstaunlichsten Dinge erzählen würde, so würde ich doch nicht wissen, ob Wahrheit in seinen Erzählungen wäre, solange ich sie nicht in mir selber erkenne. Blinder Glaube an Theorien und Autoritätswahn sind ebenso hinderlich, als der alles bezweifelnde Unverstand. Nur was ich selber bin und als was ich mich selber erkenne, dessen bin ich gewiss; die wahre Religion besteht, wie Goethe sagt, „in dem Respekt, den ein Mensch vor sich selber hat", und die wahre Theosophie in der Erkenntnis unseres wahren göttlichen Selbst. Das ist das geheime oder „okkulte" Wissen, das nicht aus dem Gehirn, sondern aus der Tiefe des Herzens entspringt, und das nicht nur unsere Persönlichkeit, sondern Himmel und Erde umfasst.

Wie aber könnte ein Mensch zu dieser Selbsterkenntnis gelangen, als durch die innerliche Ruhe des Gemütes, Erhabenheit der Seele und Veredelung der Denkungsart? Wie könnte er zum Bewusstsein des höheren Teiles seiner Selbst kommen, als dadurch, dass er dieses Höhere liebt und das Niedrige fahren lässt? Wie könnte der Geist Gottes sich in ihm befestigen und zu seiner Kraft werden, als dadurch, dass er beständig in diesem Geiste verbleibt, in ihm empfindet, wahrnimmt, denkt und wirkt? Nur dort, wo alle Stimmen schweigen, wo keine eigennützigen Wünsche, selbstsüchtigen Begierden, Vorurteile, Habsucht, Neid mehr herrschen, wo keine persönlichen Neigungen oder Abneigungen zu diesem oder jenem Dinge seine Seele mehr binden, da wird die Seele frei und eins mit dem Geiste der Wahrheit, vernimmt sie die Stimme der Stille.

Dann erkennt das freigewordene Ich seine eigene wahre Natur, und dass es nicht das Schein-Ich seiner Persönlichkeit ist. Dann sieht der zum höheren Dasein emporgestiegene Mensch, dass das Leben seiner sterblichen Erscheinung nur wie ein Traumleben ist. Was kümmern den im Geiste wiedergeborenen Menschen die Begierden, die sich in seinem Körper regen, die Verhältnisse, in denen dieser lebt, die Schwächen, die ihm anhaften, die Unwissenheit, die ihn drückt? Er ist sich bewusst, dass er nicht dieser Körper ist; er ist nicht mehr an dieses persönliche Dasein gebunden. Er betrachtet dieses Scheindasein selbst so, wie ein Arzt seinen Patienten, ein Meister seinen Schüler, oder wie ein Baumeister sein Haus.

Die Schäden seines Hauses sind nicht mehr seine eigenen; der Arzt ist nicht der Kranke, der Baumeister nicht das Haus; er selbst ist der Herr seiner Selbstheit geworden, nicht in der Einbildung, sondern im Willen und in der Erkenntnis seiner Selbst.

Das Samenkorn, aus dem diese Erkenntnis, Macht und Freiheit wächst, ist die Liebe zum Höchsten. Es ist tief im Innern der Seele verborgen und deshalb „okkult“. Es ist kein Produkt der Fantasie, und die menschliche Wissenschaft kann nichts davon wissen, solange sie sich nur in äußerlichen Dingen bewegt. Es ist das „geheime Feuer“ der Rosenkreuzer, der Gottesfunke der

Mystiker, die „kostbare Perle“, deren himmlischer Glanz als Institution zu uns dringt, und als das Gewissen zu uns spricht, und die Aufgabe eines jeden Christen ist es, diesen göttlichen Funken im Herzen zu pflegen, damit er durch die Wärme der Liebe zum Höchsten zur Flamme werde, deren Licht Gemüt und Verstand erleuchtet, sodass in diesem Lichte die Wahrheit in ihrer Herrlichkeit offenbar wird. Das allein ist der richtige „Okkultismus“, die wahre Religion und die praktische Theosophie.

Die christliche und indische Form der Mystik

„Die wahre Religion besteht darin,
dass der Mensch Respekt vor sieh selber hat."
Goethe

Die wahre Mystik ist dasjenige Wissen, das aus der innerlichen Erkenntnis des inneren Wesens der Dinge hervorgeht; der Mystizismus dagegen hat zweierlei Ursachen und entspringt entweder aus Dummheit (Tamas) oder aus Leidenschaft (Radschas); die erstere Art hat den Aberglauben zur Grundlage, die andere die Sucht, sich okkulte Kräfte anzueignen und verbotene Früchte zu erhaschen. Die wahre Mystik hat zur Grundlage die geistige Fähigkeit und Kraft, das Wesen der Dinge von den Formen, in denen es sich offenbart, zu unterscheiden. Die Mystik ist nur für diejenigen geheim oder „okkult", die diese Unterscheidungsfähigkeit noch nicht erlangt oder noch nicht ausgebildet haben, und deren Mangel kann durch keine äußerlichen Erklärungen ersetzt werden. Klar ist für den Menschen nur das, was ihm in seinem eigenen Innern klar wird. So ist z. B. an einem Gemälde die Leinwand, die darauf befindliche Farbe und der Rahmen das Äußere; das Wesentliche und „Geheime" der Sinn der Malerei. Es liegt für jedermann offen da, und es wird dabei nichts verheimlicht, aber wer keinen Sinn dafür hat, kann auch den Sinn eines Kunstwerkes, einer Dichtung oder musikalischen Komposition nicht verstehen. Leben, Gesicht und Gefühl sind nötig, um äußerliche Dinge zu sehen und zu begreifen; geistiges Leben, innerliches Gefühl und Erkenntnisfähigkeit, um das Geistige zu erfassen; und wer den Geist, der in den heiligen Schriften und Symbolen verborgen ist, in Wahrheit erkennen will, der muss diesen Geist in seinem Innern haben, weil nur das Gleiche Gleiches erfassen kann. Kein Geschöpf kann Selbsterkenntnis von etwas haben, das nicht zu seinem Selbst, zu seinem eigenen Wesen gehört.

Betrachten wir die Menschheit im Allgemeinen auf ihrer jetzigen Stufe der Entwicklung, so finden wir sie aus Ungläubigen und Abergläubigen zusammengesetzt. Unglauben und Aberglauben bilden die Schale; die Wahrheit ist der Kern in der Mitte. Das Gleiche ist bei dem einzelnen Menschen der Fall, er schwankt zwischen Unglauben und Aberglauben hin und her, bis dass er in sich selber den Kern, das Wahre, sein eigenes Ich, seine Seele gefunden hat. Der Ungläubige hält alles für Aberglauben, was er nicht mit den Händen zerpflücken oder mit den Füßen zertreten kann; der Abergläubige hält jeden für einen Ungläubigen, der nicht an seinen Schwärmereien teilnimmt und seine Fantasiegebilde verehrt. In der großen Kinderschule der Menschheit reitet jeder sein Steckenpferd und will, dass die anderen auch darauf reiten oder wenigstens seine Reitkunst bewundern sollen; auf eigenen Füßen stehen nur die wenigen, die dem Gängelbande entwachsen sind und sich selbst in der Wahrheit finden.

Es gibt nur eine einzige absolute und ewige Wahrheit und folglich nur eine einzige Weisheit, die die Selbsterkenntnis der ewigen Wahrheit ist, die sich im Innern des Menschen selbst offenbart. Somit sind auch die Lehren, die aus dieser innerlichen Erleuchtung und Offenbarung hervorgehen, überall dieselben, einerlei, ob sie aus einer europäischen oder asiatischen Feder geflossen sind.

Die Wahrheit in den heiligen Schriften ist immer von Gott inspiriert, weil Gott die Wahrheit selbst und in allen Menschen gleich ist. Die Wahrheit ist immer dieselbe, einerlei, ob sie in einem Christen, Buddhisten, Brahminen oder einem anderen Menschen offenbar wird; aber wie das Wasser, wenn es in verschiedenartig geformte Gefäße gegossen wird, in verschiedenen Formen und Farben sich äußerlich darstellt, so sind auch die Lehren der Weisheit in ihren Darstellungsformen in den verschiedenen Religionssystemen und deren Allegorien, je nach dem Charakter der betreffenden Nationen, voneinander verschieden; im Grunde genommen aber ist ihr Wesen in allen gleich. Ob man von „Jesus“ oder von „Iswar“ spricht, ist für den, der ihr Wesen kennt, einerlei; denn in beiden Fällen bezeichnet der Name den „Gottessohn“, den Herrn in uns und über uns, „der von oben herunter schaut“, das wahre göttliche Ich eines jeden Menschen, dessen Licht die Seelen erleuchtet.

Wer aus Worten Erkenntnis schöpfen will, muss die Bedeutung der Worte verstehen. Gelehrte Dummköpfe haben sich darüber gestritten, ob der Mensch eine Seele hätte; sie haben menschliche Körper zerstückelt und die Seele weder in der Zirbeldrüse, noch in der großen Zehe, noch sonst wo gefunden und daraus geschlossen, dass der Glaube an die Seele ein Aberglauben sei. Die Abergläubigen dagegen sprechen gar viel von ihrer Seele, wollen sie erlöst und gerettet haben; kennen sie aber nicht und betrachten sie als ein unbekanntes fremdes Ding. Die Seele eines Menschen aber ist nichts als sein eigenes wahres Wesen, seine Individualität und sein innerliches, geistiges, individuelles Selbstbewusstsein, zum Unterschiede von seiner Persönlichkeit, deren vergängliches Selbstgefühl und Scheinselbstbewusstsein nur das Resultat äußerlicher Empfindungen und Sinneswahrnehmungen ist. Es kann kaum etwas Törichteres geben als einen Menschen, der sein individuelles Selbstbewusstsein irgendwo außer sich und nicht in seinem eigenen Innern sucht. Ebenso wenig kann er es aber in seinem äußeren Sinnesbewusstsein finden, da dieses nur ein Widerschein des nicht offenbaren wahren Lichtes im Innern der Seele ist. Die große Mehrzahl der Menschen lebt nur im äußerlichen Sinnesleben und in der Fantasie, von einem innerlichen Selbstbewusstsein der Seele wissen sie nichts.

Die Lehren der Mystik und Religion handeln von der Seele und dem Leben der Seele; wie könnten sie denen verständlich sein, in denen dieses Seelenbewusstsein, dieses Bewusstsein ihres wahren individuellen Daseins noch nicht erwacht ist, den geistig Toten oder Schlafenden, die überhaupt noch nicht wissen, was sie sind, weder ihren Ursprung noch ihr Ende kennen, die beständig äußerlicher Reize bedürfen, um zu empfinden, dass sie leben, und deren ganzes Wissen von höheren Dingen nur in Wahrscheinlichkeiten und Hörensagen beruht? Ohne die eigene höhere Entwicklung, die nicht durch leeres Verstandesgrübeln, sondern nur durch volle Hingebung erlangt werden kann, ist keine Selbsterkenntnis des höheren Daseins möglich. Dadurch ist das Reich der Seele für den Seelenlosen mit einer undurchdringlichen Mauer umgeben, und auf diese Weise ist dafür gesorgt, dass die Geheimnisse Gottes nicht in die Hände der Glaubenslosen fallen, die sie missbrauchen würden; aber denen, die den wahren Glauben haben, hilft der Geist der Wahrheit dadurch, dass sie diesen Geist in sich aufnehmen, weil der Glaube selbst eine Wirkung des Geistes der Selbsterkenntnis in der Seele ist.

Es ist somit auch nicht der Zweck mystischer Schriften, zur Befriedigung der wissenschaftlichen Neugierde derer zu dienen, in denen das Seelenleben noch in Erstarrung ist; wohl aber kann die Betrachtung der in solchen Schriften enthaltenen Wahrheiten dazu dienen, diese Erstarrung zu lösen und das innerliche Leben zum Bewusstsein des äußeren Menschen zu bringen. Hierbei sollten Herz und Verstand zusammenwirken, damit sich der Geist Gottes im Menschen mit dem Geiste des äußeren Menschen vereinigen kann.

Diese Vereinigung wird in Sanskrit Yoga genannt, und es werden in den Veden und Upanischaden verschiedene Wege angegeben, wie sie gefunden werden kann. Sie bestehen in der Kräftigung des geistigen Willens, in der innerlichen Reinigung des Herzens, der Übung des geistigen Denkens, der Selbstbeherrschung des Gemütes und Körpers und des innerlichen Wortes; aber alle diese Werke erlangen erst dann einen Wert, wenn sie aus der Liebe zum Höchsten hervorgehen. Alles, was aus dem Eigensinn und Eigendünkel des Menschen entspringt, ist für sein höheres göttliches Leben nutzlos; aber wo die göttliche Liebe im Herzen wirkt, da bringt sie selbst alle diese geistigen Werke zustande.

Liebe und Erkenntnis sind die Elemente der Weisheit; wenn diese beiden eins werden, so wird aus ihr der Sohn, die Weisheit geboren. In dieser Vereinigung besteht das Radschah Yoga der indischen Weisen, und sie beschreiben darin folgende Stufen:

I. Yama. Reinigung durch Studium, Ergebung, Andacht oder Betrachtung (Meditation); das innerliche Herzensgebet, das nichts anderes ist, als eine Hinneigung des Herzens zu Gott und eine innere Übung der Liebe. Zu diesem ersten Schritt, ohne den alle übrigen Schritte nutzlos sind, können sich aber die wenigsten Menschen entschließen.

II. Nyama. Selbstbeherrschung der Empfindungen und Gedanken. Durch die Beherrschung des Gemütes wird auch die Herrschaft über die Funktionen des Körpers erlangt. Der Gedanke kann sich nicht selbst beherrschen; das geschieht nur durch die höhere Kraft des Geistes, wenn diese zum Selbstbewusstsein des Menschen gekommen ist. Ein Mensch, der seine Seelenkräfte und durch diese die Kräfte seines Körpers vollständig kennen und beherrschen würde, könnte dadurch die erstaunlichsten Wirkungen hervorbringen, und darin bestehen die Wunder der weißen und schwarzen Magie.

III. Asana. Haltung. Die Yoga-Philosophie gibt 84 verschiedene, für Europäer wenig geeignete Stellungen an, die zur innerlichen Entwicklung des Seelenlebens während der „Übungen“ empfohlen werden. Wichtiger als alle körperlichen Stellungen ist es, dass die Seele fest im Glauben, d. h. im Bewusstsein der Wahrheit steht.

IV. Pranayama. Das geistige Atmen. Der sterbliche Mensch atmet atmosphärische Luft, die Seele des Geistmenschen Geist. Das Leben des Körpers ist durch das Atmen der Luft bedingt; das Leben der Seele durch den Atem des Geistes. Je mehr der Geist sich auf etwas konzentriert, was z. B. geschieht, wenn man mit gespannter Aufmerksamkeit etwas betrachtet, um so ruhiger geht das ruhige Atmen vor sich, und man kann auch andererseits durch ruhiges Atmen die innerliche Konzentration des Gedankens fördern. Hierauf beruht die von vielen missverstandene „Wissenschaft des Atems“, die in den Schriften über Hatha Yoga näher beschrieben ist.[1)]

1) Siehe „Lotosblüten“ 1893 „Die Physiologie des Astralkörpers“.

V. Pratyâhâra. Innerliche Betrachtung, Abgeschiedenheit, d. h. ein Zurückziehen der Seele von allen äußerlichen Sinneswahrnehmungen. Der Körper wird dabei empfindungslos, und der Geist lebt in seiner eigenen Sphäre. Das ist nicht mit dem sogenannten „Hypnotismus“ zu verwechseln. Während bei hypnotischen Versuchen der Geist gleichsam ausgetrieben oder seine Tätigkeit gelähmt und ohnmächtig wird, beherrscht in diesem Falle der Geist durch seine ihm innewohnende Kraft die Tätigkeit des Gehirns und der Sinne. Der Mensch denkt dann nicht mehr das, was ihm „einfällt", sondern das, was er will. Wer versucht, einen bestimmten Gedanken auch nur eine Minute lang festzuhalten, der kann sich bald von der Schwierigkeit dieses Unternehmens überzeugen.

VI. Dhâranâ. Da nur das Höhere das Niedere beherrschen kann, so ist auch eine Beherrschung des Denkens nur dann möglich, wenn der Mensch zu jener Stufe des geistigen Selbstbewusstseins gelangt, das über der Denktätigkeit steht und die Denkmaschine beherrscht. Es ist ein Zustand innerlicher Ruhe, der nicht im Nichtdenken, sondern in der Erhabenheit über das Denken seine Ursache hat. Im gewöhnlichen Menschen wirken die Naturkräfte, und er ist ihren Gesetzen unterworfen; in ihm fühlt und denkt die Natur. Der Geistmensch, der seine Natur beherrscht, ist über sie erhaben; in ihm ist Gott, sein wahres Selbst, der Herr seiner Empfindungen und Gedanken, und er kann sich deshalb in seinem Denken und Bewusstsein dorthin versetzen, wohin er will.

VII. Dhyana. Innerliche Schauung. Überbewusstsein. Ein Zustand der innerlichen Ruhe und Seligkeit, eine Eröffnung der innerlichen Sinne, wodurch der Mensch befähigt wird, mit geistigem Auge die innerlichen Geheimnisse der Schöpfung zu erkennen. Hier hört alle Denktätigkeit auf, weil sie nicht mehr nötig ist. Ein Stein denkt nicht, weil er nicht denken kann; Gott denkt nicht, weil er nicht mehr zu denken braucht. Das Denken hat den Zweck, den Mangel direkten Erkennens durch logische Schlussfolgerungen zu ersetzen. Wo die direkte Schauung eintritt, hört alle selbst gemachte Vorstellung auf.

VIII. Samadhi. Vollständige Selbstbeherrschung aller geistigen und seelischen Kräfte. Der letzte Rest des Eigenwahnes oder Egoismus verschwindet, und der Mensch empfindet nicht nur, sondern erfährt und erkennt seine Einheitlichkeit mit dem Ganzen und den Zustand der Allliebe, Allgegenwart und Allwissenheit; seine Identität mit der Gottheit.

Das sind in kurzem die Grundzüge der indischen Mystik oder Yoga-Philosophie, mit andern Worten „der Weg zu Christus", wie er von den indischen Weisen, und in einer andern Form von den christlichen Mystikern und Rosenkreuzern, Jakob Böhme, Thomas von Kempen usw. gelehrt wird. Alle diese Lehren stimmen in allem, was in ihnen wesentlich ist, miteinander überein; alle sind dazu bestimmt, uns den Weg zu zeigen, das höchste Ziel des menschlichen Daseins zu erreichen, das niemand erreichen kann, wenn er es nicht liebt, und dass niemand lieben kann, wenn er es nicht in seinem Herzen erkennt. Gott ist das Höchste von allem und folglich auch die höchste Liebe selbst, das höchste Selbstbewusstsein, die höchste Erkenntnis, und es gibt keinen näheren Weg, um zu seiner Erkenntnis zu kommen und sich seiner Gegenwart bewusst zu werden, als die Liebe zum Höchsten.

Das Christentum ist die Religion der Liebe und die christliche Kirche in ihrem wahren Wesen nichts anderes, als eine Yoga-Schule, in der diese Liebe (Bhakti-Yoga) ausgeübt werden soll, um durch sie zur Erkenntnis zu gelangen. Wer diese Liebe hat, der bedarf keiner weiteren Auseinandersetzungen, denn dadurch, dass er sich seinem göttlichen Ich nähert und sich am Ende mit ihm vereint, werden ihm dessen Geheimnisse von selbst klar; aber wenn es an dieser Liebe fehlt, so kann der Verstand dazu dienen, um diese Liebe zu finden, und da erweist sich das Studium der indischen Mystik als ein vortreffliches Mittel, um dem noch im Dunkel irrenden Menschen das begreiflich zu machen, was für den im Lichte wiedergeborenen Menschen eine von selbst verständliche Wahrheit ist. Durch die Lehren der indischen Weisen werden die Geheimnisse des Christentums dem menschlichen Verstande näher gerückt, und die Irrtümer, die durch äußerliche und verkehrte Auslegungen der Bibel entstanden sind, berichtigt und überwunden.

Diese Lehren finden sich auch in der christlichen Religion; aber sie sind unter Symbolen und Allegorien verborgen, deren Bedeutung die große Mehrzahl der Anhänger des christlichen Kirchentums nicht kennt. Die Lehren der indischen Weisen geben uns den Schlüssel zu deren Verständnis; aber der Schlüssel allein macht die Türe nicht auf, wenn wir ihn nicht benützen; das theoretische Wissen allein hat noch keinen wirklichen Wert, wohl aber dient es dazu, uns zur Erfahrung zu leiten, die erst dann eintritt, wenn sich das Tor des Tempels in unserm Innern eröffnet, und die volle Wahrheit in ihrer Klarheit erscheint.

Der ganze Weg der Mystik besteht in der Überwindung des eingebildeten Selbstwahnes, wodurch der Mensch zur Erkenntnis des ihm innewohnenden wahren Wesens gelangt. Die Gottheit in ihm ist das Ewige, der individuelle Charakter das Dauernde, die Persönlichkeit mit ihrem Sinnesleben, ihrem persönlichen Empfinden, Wollen und Denken eine vorübergehende Erscheinung. Die göttliche Liebe in unserem Herzen ist das Samenkorn, aus dem der Baum des ewigen Lebens und die Erkenntnis der Wahrheit entspringt, unser Persönlichkeitsbewusstsein die Schale, in der unsere Irrtümer und Leidenschaften verborgen sind, und die sich öffnen muss, wenn der Gottmensch im Menschen zur Auferstehung gelangen soll. Was der Buddhist das Eingehen ins Nirvana nennt, ist nichts anderes, als der Eintritt der vollen Selbsterkenntnis, wodurch der Wahn der Eigenheit für immer vernichtet wird. Die christliche Mystik bezeichnet diesen Vorgang als den mystischen Tod, der der Eingang zum ewigen Leben ist. Das verwesliche falsche Ich muss aus unserem Bewusstsein verschwinden, wenn das unverwesliche wahre Ich in uns zur Offenbarung gelangen soll. Der Kern wächst nicht mit der Schale, bis dass ein Baum daraus wird, sondern die Schale verschwindet, und aus dem Kern entwickelt sich ein Baum. Das Dunkel kann nicht vermehrt und verändert werden, bis dass es zum Lichte wird, sondern, wenn aus dem Dunkel das Licht entspringt, so verschwindet das Dunkel. Das selbst geschaffene „Ich", mit allen seinen guten und bösen Eigenschaften verhüllt den göttlichen Funken in der Seele wie mit einer harten Schale, durch die sein Licht nicht leuchten, noch auch Licht von der Sonne der Weisheit in sich aufnehmen kann. Deshalb muss diese Schale, die der Selbstwahn erzeugt hat, verwesen, damit die Seele frei werden und leuchten und sich auf den Schwingen des Geistes erheben kann.

Die Religion ist die Beziehung des Menschen zu seinem göttlichen Ich. Die Religionslehre soll diese Beziehung erklären, aber gerade damit ist es im alltäglichen Leben übel bestellt. Eine Religion ohne Verstand wird zur gehaltlosen Schwärmerei: Ein Verstand ohne religiöse Empfindung führt in den Abgrund der Hölle. Ein wirklicher Christ, Brahmane, Buddhist, oder wie immer man einen im Geiste wiedergeborenen Menschen, der das Göttliche und Ewige in sich vom Menschlichen und Vergänglichen unterscheiden kann, nennen mag, bedarf keiner Auseinandersetzungen; er liebt Gott, weil er ihn in seinem eigenen Innern und in allem erkennt. Für ihn sind die Schriften der Mystiker verständlich, und was darin dem Nichteingeweihten als Unsinn erscheint, weil es für ihn keinen Sinn hat, ist für den, der die Kräfte, um die es sich handelt, in sich selber empfindet, eine klar vor Augen liegende Sache.

Er findet keine Schwierigkeiten darin, Jesus, das Licht seiner Seele, über alles zu lieben und sich ihm hinzugeben, denn er erkennt den Gottmenschen als sein eigenes wahres Selbst. Die große Menge der Ungläubigen und Abergläubigen aber kann Jesus nicht lieben, weil sie sich nicht selber in Wahrheit erkennt. Die einen wollen von keinem höheren Dasein wissen; für sie ist das Höchste ihre Persönlichkeit; die anderen suchen nach Jesus in der Geschichte der Vergangenheit oder über den Wolken; sie schaffen sich einen äußerlichen Gott in ihrer eigenen Phantasie, und indem sie sich einbilden, ihn zu lieben, begehren sie etwas Fremdes und Äußerliches, was sie hindert, zum wahren Selbstbewusstsein zu kommen. Ein Wahlspruch der Rosenkreuzer lautet: „Ex Deonascimur, in Jesumorimur; reviviscimus in Spiritu sancto."

Damit ist gesagt: „Aus Gott werden wir geboren, im Lichte der Wahrheit erstirbt der Wahn unserer Eigenheit, und in dem Heiligen Geiste der wahren Selbsterkenntnis kommen wir wieder zum Leben.“[1)]

Ein anderes Motto lautet: „In Nobis Regnat Jesus.“[2)]

In uns ist Jesus der Herr. Damit wollen sie sagen, dass der persönliche Mensch aus einer Menge von falschen „Schein-Ichen" zusammengesetzt ist, die beständig wechseln und seinen äußerlichen Charakter beständig verändern. Der Herr im Menschen, der über diese Schein-Iche herrscht, ist das zur wahren Selbsterkenntnis gekommene Ich, das nur der kennt, der sich selber in Wahrheit gefunden hat.

Die Lehren der Mystiker sind weder für bornierte Ungläubige, die in ihrem Eigendünkel versunken sind, noch für abergläubische fantastische Schwärmer, die stets außer sich selbst leben, geschrieben, und wer zur wahren Selbsterkenntnis gekommen ist, hat darüber gar keine weitere Belehrung nötig. Es gibt aber viele Menschen, die nach dieser Gotteserkenntnis Verlangen tragen und nur durch angelernte und anerzogene Irrtümer und Vorurteile gehindert werden, sie zu erreichen. Für diese sind Erklärungen nötig, um die Hindernisse hinwegzuräumen, die der Selbsterkennt-

1) Gott, dargestellt als Jehovah, bezeichnet das All oder die Finsternis. Der Buchstabe Schin im Hebräischen bedeutet das Feuer. Wird dieser Buchstabe in die Mitte des Wortes Jehovah gesetzt, so wird aus Jehovah Jehoschua, d. h. Jesus, wodurch angedeutet wird, dass aus dem Feuer der göttlichen Liebe im Herzen das Licht der Weisheit, das Gottesbewusstsein entspringt, dessen Licht das Dunkel zerstreut und die Seele erleuchtet. So wird in uns selber der Herr unserer Selbstheit, der Sohn Gottes in einem Stalle, d. h. inmitten unserer tierischen Instinkte und Leidenschaften geboren. Vergl. F. Hartmann, „Jehoschua, der Prophet von Nazareth“.

2) Das ist durch die vier Buchstaben I.N.R.I. angedeutet, die gewöhnlich über dem Bilde des Gekreuzigten angebracht sind und in einer anderen Lesart .Jesus Nazarenus Rex Judaeorum“ Jesus der Nazarener, König der Juden, bedeuten. Im Grunde genommen bezeichnen beide Lesarten dasselbe, denn unter den Juden" sind im exoterischen Sinne diese falschen Schein-Iche, die aus den niederen und nicht erleuchteten Seelenkräften, intellektuellen Spekulationen usw. ohne wahre Erkenntnis, Vorurteilen usw. entspringen, zu verstehen.

nis der Wahrheit im Wege stehen und das Aufgehen des Lichtes im Innern verhindern.

In den Allegorien, Symbolen und Monumenten der Christenheit tritt uns die Wahrheit aller Orten vor Augen; es handelt sich nur darum, dass wir sie erkennen und nicht den Rahmen des Bildes für das Bild oder das Sinnbild für das Wesen halten. Zweck dieser Symbole ist, dass wir durch eigenes Empfinden und Denken ihren wahren Sinn erfassen lernen; denn nur die Erkenntnis, die unserem eigenen Innern entspringt, ist in Wahrheit unser Eigentum, alles andere besteht in Meinungen und Fürwahrhalten. Um zu dieser Selbsterkenntnis zu kommen, ist es nötig, das Ganze als Ganzes zu erfassen; eine Auseinandersetzung hat nur insofern Wert, als sie für die eine Handhabe bildet, denen ohne diesen Schlüssel ein Verständnis des Ganzen unmöglich wäre. Dem neugierigen Forscher sind sie eher ein Hindernis, da er sich damit zufriedengibt, zu hören, was ihm gesagt wird, und sich dadurch selber am eigenen Denken hindert. Das theoretische Wissen ist nicht Selbstzweck; es hat nur insofern Wert, als es ein Mittel ist, um zur praktischen Erfahrung im eigenen Innern zu gelangen.

Der Schlüssel zum Verständnis aller religiösen Wahrheiten ist die Kenntnis der Zusammensetzung der menschlichen Natur und des Verhältnisses des Menschen zu seinem höheren göttlichen und seinem niederen tierischen Selbst. Die indische Lehre nennt die sieben Prinzipien, die zum Wesen eines Menschen gehören, und beschreibt den unsterblichen Teil seiner Seele als eine aus dem Absoluten entsprungene unteilbare Dreieinigkeit von Atma-Buddhi-Manas (Geist, Verstand und Liebe), während der niedere sterbliche Teil aus Kama Manas, Kama, Prana und Rupa, d. h. aus Denktätigkeit, Sinnlichkeit, Lebenstätigkeit und stofflichem Wesen besteht.

Wenn wir auf den nächsten besten christlichen Kirchhof gehen, so tritt uns überall eine symbolische Darstellung dieser indischen Lehre entgegen. Folgende Figur eines Denkmals stellt den Menschen dar, in dem der göttliche Teil mit dem irdischen

Teile verbunden ist. Das untere Viereck bedeutet die Persönlichkeit oder das „Grab“, in dem der himmlische Mensch während des Lebens auf Erden begraben ist; das obere Dreieck bedeutet die aus diesem Grabe auferstandene und befreite Seele. Der Sockel, der das Dreieck oder die Pyramide mit dem Viereck oder Würfel verbindet, bedeutet die Verbindung der unsterblichen Seele mit dem Bewusstsein der Persönlichkeit; es ist die Brücke vom sinnlichen Dasein zum übersinnlichen, das Licht der Wahrheit, das durch die Vermittlung des höheren Teiles in das Dunkel des materiellen Daseins scheint, mit anderen Worten, die religiöse Erkenntnis, Gewissen und Intuition.

Der irdische Mensch ist gleichsam der Schatten, den der himmlische Mensch ins irdische Leben geworfen hat, und dieser Schatten bildet sich in seinem Eigendünkel ein, ein in sich selbst bestehendes selbstständiges Wesen zu sein. Wird aber die Vierheit ganz von der Dreiheit (dem wahren Selbstbewusstsein) durchdrungen, dann wird aus der Drei und Vier die Sieben, die Zahl der Unsterblichkeit.

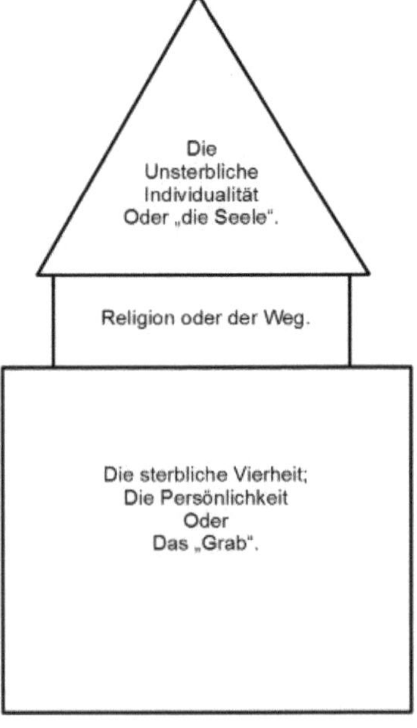

Der Zweck solcher Figuren und Denkmäler ist es, uns zu einer praktischen Erkenntnis zu führen, indem sie uns an die Unsterblichkeit unseres wahren Ichs erinnern und uns auffordern, nach dieser Wiedervereinigung mit ihm zu streben; denn damit, dass ich weiß, was eine solche Figur bedeutet, ist mir noch nichts gedient, wenn ich das, was sie mir sagt, nicht befolge und es vorziehe, in meinem Grabe zu bleiben, statt nach der Auferstehung im Lichte der Selbsterkenntnis zu streben. Wir alle sind in solchen Gräbern begraben, und nichts als die eigene Selbsterkenntnis unseres Zustandes kann uns daraus befreien. Solange wir diesen Zustand der Erniedrigung und die Freiheit, die uns erwartet, nicht kennen, ist es uns auch in unserem Gefängnisse wohl.

Wenn aber einmal das Licht des höheren Daseins durch den Sargdeckel dringt und wir beginnen, die himmlische Luft des Geistes zu atmen, dann erblicken wir auch die Würmer und Abscheulichkeiten, die uns in unserem Grabe umgeben, und wir erkennen, dass hier nicht der richtige Ort für unsere Wohnung ist, sondern, dass wir durch unseren Irrtum und unsere Unwissenheit uns in dieses irdische Leben versetzt haben, in welchem Dummheit und Leidenschaft regieren, und von dem der Gestank der Ungerechtigkeit zum Himmel steigt.

Hören wir, was eine erleuchtete Seele darüber sagt:

„Wenn der innere Trieb zur Wiedervereinigung mit Gott durch die verdorbene Naturbelustigung erstickt wird, so sehen wir, dass unser Wille und unsere Liebe diesen Reizen der Natur folgt. Zieht uns etwas Erschaffenes sehr stark an, so empfinden wir auch nur einen schwachen Trieb gegen Gott und erfahren, dass, wenn unsere Liebe sich vom göttlichen Urgrund entfernt, sie der Naturverderbnis folgt und der Wille diese Liebe darin unterstützt. Solchergestalt empört sich der Wille wider Gott, und ausschweifend in bösen Lüsten wird die Liebe.

Gewinnt aber der seelische Zug nach Gott die Oberhand, und reißt er sich durch Gottes Gnade aus der Finsternis des Irrtums und der Lüge heraus, so neigt sich die Liebe zu Gott, und durch diese Hinneigung wächst sie an wirksamer Tätigkeit. Dann beginnt die Seele vom allgemeinen Lichte, dem Lichte der Wahrheit Jesu Christi erleuchtet zu werden, welches Licht in die Welt gekommen ist, um alle Menschen zu erleuchten.

Im Anfange und lange Zeit nachher ist es ein durch die Schatten der Nacht trüber und düsterer Tag, der solange anhält, bis man sich durch diesen Zug viele Zeit mit Gewalt hat hinreißen lassen; dann aber ersteht Jesus Christus in unserer Seele, wie die Sonne auf unserer Erdkugel aufgeht. In dem Maße, wie das

Sonnenlicht zunimmt, zerteilt sich notwendig die Dunkelheit der Nacht, und dergestalt erleuchtet uns Jesus Christus".[1)]

Es versteht sich von selbst, dass dergleichen mystische Lehren den Ungläubigen und Abergläubigen unverständlich sind, und deshalb werden auch solche Schriften von vielen für fromme Schwärmereien und Fantasien gehalten, während sie doch allem Schwärmen geradezu entgegengesetzt sind und von lebendigen Tatsachen handeln. Das geistige Leben im Menschen mit seinen Strömungen ist für den, der es kennt, gerade so wirklich und wesentlich, als das materielle Leben für den gewöhnlichen Alltagsmenschen; aber für den, der es nicht erfährt, ist es nicht mehr als ein Traum. Der Alltagsmensch begreift nicht, dass sein persönliches Bewusstsein nur ein Abglanz seines inneren Wesens und dieses ein Spiegelbild des Gottmenschen ist. Er bildet sich ein, in seiner Persönlichkeit ein Herr der Welt zu sein, und er ist doch nichts als ein Spielzeug in der Hand der Natur. Er bildet sich ein, einen freien Willen zu haben, und sieht nicht, dass sein Wollen von allen möglichen äußerlichen Umständen bedingt und geleitet wird. Der eingebildete Fromme ist nicht besser daran, als der ungläubige Tor; denn das Wollen und Wirken beider geht aus der Illusion ihrer Selbstheit hervor. Aus dieser Wahnvorstellung des eingebildeten „Ichs" entspringen die Selbstmoral, die Selbstgenügsamkeit, das Selberwissen, die Rechthaberei, die Selbstverherrlichung und Selbstsucht in ihren vielerlei Formen, die alle durch Seelenkraft überwunden werden und verwesen müssen, damit das wahre Selbst, der Herr und Erlöser im Menschen, auferstehen und offenbar werden kann.

Der Teufel ist Gott umgekehrt; das eingebildete Ich eine Karikatur des wahren Ichs, und folglich auch die Religion, die dem Eigendünkel entspringt, eine Illusion, aus Eitelkeit, Furcht und Habsucht zusammengesetzt, aus der Heuchelei, Intoleranz, Grausamkeit und Verbrechen entspringen. Kein Mensch kann wahre

1) De la Mothe Guyon. „Das innere Leben", Bd. II, S. 128.

Religion haben, wenn er keinen Sinn für das Mystische hat, denn die Religion ist die Beziehung der sterblichen Menschen zu seinem höheren unsterblichen Selbst, und diese Beziehung ist nicht äußerlich sichtbar; sondern mystisch, d. h. geheimnisvoll; sie kann nicht handgreiflich demonstriert und nachgewiesen, sondern sie muss innerlich empfunden und erkannt werden, was von jedem Menschen nur in seinem eigenen Innern geschehen kann,

Nicht um eine analytische Untersuchung durch den Verstand handelt es sich dabei, sondern um die Hingebung; nicht um die Richtigstellung einer Theorie, sondern um die innerliche Erfahrung; nicht um logische Schlussfolgerungen, sondern um die Offenbarung der Wahrheit im Innern. Die Weltklugheit ist blind und deshalb auf Beweise angewiesen, die Weisheit sieht, und erkennt sich selbst; „Die Wahrheit“ ist immer selbstverständlich für jeden, der sie erkennt. Die Weltklugheit geht aus äußerlichen Beobachtungen, Meinungen und Schlussfolgerungen hervor; die Selbsterkenntnis der Wahrheit im Herzen der Menschen hat keine andere Quelle als „Die Wahrheit“. Deshalb sind auch alle heiligen Schriften von Gott inspiriert, nicht von einem fremden Gott, sondern von Ihm, der im Herzen von allen wohnt. Die Weltklugheit ist auf diese und jene Erscheinung beschränkt; die Weisheit Gottes umfasst in sich selbst das ganze Weltall und das innerste Wesen der Dinge.

„Komm zu Jesus!", schreit der christliche Prediger, und weiß nicht, was er damit sagt, wenn er Jesus nicht kennt. „Ich suche meine Zuflucht in Buddha!“ spricht der Buddhist, und es dürfte oft schwerfallen, zu erklären, wie er das macht. „Erkenne dich selbst!", predigt der Philosoph, und wer nicht schon auf dem Weg zu dieser Selbsterkenntnis ist, weiß nicht, um was es sich handelt. „Tat warn asi!", sagt der Inder; „Ich bin Du“, und wenn er das „Du“ nicht kennt, so kennt er das „Ich“ eben so wenig. Alle diese Lehren sind mystisch und für den Nichtmystiker unverständlich. Sie alle haben denselben Sinn und wollen sagen: „Lerne zu erfassen, dass du in deinem innersten Wesen Eins mit der Gottheit bist; befestige das höchste Ideal in deinem Bewusstsein und lasse es nimmer los.“

Das ist aber nicht die Sklavenreligion, die in Kirchen und Schulen herrscht, sondern die Religion des Freien, der Gott in sich selbst und in allem erkennt. Wer Gott nicht in seinem Innern, sondern nur in äußeren Formen sucht, der verzehrt seine eigene Lebenskraft außer sich selbst; er lebt außer sich, im Reiche der Fantasie, und kann nicht zum wahren Selbstbewusstsein gelangen.

Wer Gott nicht kennt und sich einbildet, selber ein Gott zu sein, der ist ein Egoist und kann ihn nicht finden, weil die harte Schale, mit der er sein Herz umgibt, das göttliche Licht nicht durchdringen lässt. Die Mystik aller Völker lehrt, dass Gott das Wesen und Zentrum von allem ist; wer ihn nicht in seinem eigenen Zentrum findet, der kann auch sein Wesen in äußeren Dingen nicht finden.

In allen äußerlichen Religionssystemen gibt es eine Menge von Vorschriften, Regeln und Anweisungen über das, was man tun oder lassen soll. Wer könnte sie alle im Gedächtnisse behalten, und was nützt es einem Menschen, nach der Schablone zu leben, wenn er den größten Irrtum, aus dem alle anderen Irrtümer entspringen, den Wahn seiner Eigenheit und Getrenntheit von Gott nicht überwinden kann? Wie könnte er zum wahren Gottesbewusstsein gelangen, wenn er an seinem Eigendünkel festhält, der das größte Hindernis ist auf dem Wege zur Erkenntnis des wahren Selbst? Für alle, die zwischen dem wahren und dem vergänglichen „Ich" nicht unterscheiden können, bilden diese Lehren einen unlösbaren Widerspruch; der geborene Mystiker aber sieht ein, dass die Gotteserkenntnis weder durch das Suchen im Äußeren, noch im Eigendünkel, der ja auch dem äußerlichen Menschen angehört, sondern nur im Innern der Seele zu finden ist.

Diese Vertiefung in das wahre Innere ist zugleich eine Erhebung; es ist, wie wenn die Strahlen der Sonne auf einen Brennpunkt konzentriert werden, und von diesem Brennpunkte verbreitet sich dann das Licht. Das Auswendiglernen von Vorschriften und Regeln dient oft mehr zur äußerlichen Zerstreuung, als zur innerlichen Sammlung; sie sind Wegweiser für die Blinden, aber, wer den Weg kennt, bedarf ihrer nicht. Wer auf dem Wege der Wahrheit ist, dem leuchtet ihr Licht, und er bedarf keiner Laterne. Wer das wahre höhere Selbst, den Herrn, in sich selber findet, der wird von ihm geführt, und wer sich von diesem Meister führen lässt, der geht nicht irre, denn er führt nur das aus, was durch den Meister in seinem Inneren geschieht. Er lebt im Geiste Gottes, und der Geist Gottes ist sein inneres Leben.

Das ist die christliche Lehre, und um uns eine klare Vorstellung von ihrer Bedeutung zu machen, wollen wir ein Sinnbild aus der indischen Lehre betrachten. Nach ihr werden in der Einheit des großen Ganzen vier Daseins- oder Bewusstseinszustände unterschieden, von denen immer der eine niedrigere der Abglanz, das Spiegelbild, oder gleichsam der „Sohn" des ihm zunächst stehenden höheren ist. Diese vier Zustände des Einen bezeichnet die indische Philosophie als:

I. Parabrahm oder das Absolute, die „Übergottheit" der christlichen Mystiker.

II. Brahma. Gott als die Urkraft oder der Schöpfer von allem, der Logos der Christen.

III. Das innerliche Selbstbewusstsein. Die Seele oder menschlich-göttliche Individualität. Der „himmlische Mensch".

IV. Das Persönlichkeitsbewusstsein. Der irdische sterbliche Mensch. Seine äußerliche materielle Erscheinung kommt hierbei nicht in Betracht, da sie nur das Haus ist, das der Mensch bewohnt.

Vergleichen wir das Absolute mit einer geistigen, für uns unsichtbaren Sonne, und den Logos mit einem Lichtstrahle dieser Sonne, der auf einen klaren Spiegel fällt, so wird sich dort ein leuchtendes Bild der Sonne abspiegeln, das wir als ihren Sohn bezeichnen. Nehmen wir an, dass von diesem Spiegelbild wieder ein Lichtstrahl ausgeht und auf eine Metallplatte fällt, so erzeugt es dort einen Widerschein, der in unserem Vergleiche das höhere individuelle Bewusstsein, „die Seele" darstellt. Fällt von diesem schließlich ein Widerschein auf eine dunkle Fläche, so können wir uns darunter das Bewusstsein der Persönlichkeit denken, wobei aber noch zu beachten ist, dass sich auf dieser „dunklen Fläche“ außer dem vom Inneren kommenden Lichte, noch alle möglichen von der äußeren Sinneswelt kommenden Lichter abspiegeln, sodass der von der Seele kommende Widerschein leicht in diesem Geflimmer und Farbenspiele verschwindet, wie es ja nur zu oft im alltäglichen Leben geschieht, wenn Sinneseindrücke und Hirngespinste das Bewusstsein der wahren Menschenherrlichkeit unterdrücken.

„Niemand kann zum Vater gelangen, als durch den Sohn.“ Wir müssen uns aus dem Knäuel, den die Sinnlichkeit und der Irrtum, die Begierden, Leidenschaften und Vorurteile um uns gebildet haben, herausentwickeln, über das falsche Persönlichkeitsgefühl hinauswachsen und zum Seelenbewusstsein, d. h. zum Bewusstsein unserer wahren Individualität und Menschenwürde gelangen. Dann erst kann das Licht der Wahrheit in uns offenbar werden, wodurch wir Eins mit Christus, dem Gottmenschen, werden und durch ihn den Vater erkennen.

Wohl steht dieses Ziel noch so ferne, dass der Gedanke daran nur wie ein Traum erscheint; aber das ist nur der Fall, wenn wir es als etwas Fernstehendes betrachten und vergessen, dass in uns selber das Licht und die Sonne der Weisheit wohnt. Wir sind keine Götter, wohl aber sind wir Gott, und wir können zu Göttern werden, wenn wir uns unseres göttlichen Daseins und unserer uns innewohnenden göttlichen Kräfte bewusst werden.

Das Wesen von allen Dingen ist Gott; unser wahres innerstes Wesen ist Gott und braucht es nicht erst zu werden; es gehört dazu nichts anderes, als dass wir uns von der Täuschung des Materiellen und Sinnlichen freimachen und uns als das erkennen, was wir von Ewigkeit waren und sind und sein werden; allerdings können wir uns nicht der Göttlichkeit unseres Daseins bewusst werden, solange wir noch nicht einmal unsere Menschlichkeit in ihrem vollem Umfange kennengelernt haben; wir können nicht von der untersten Sprosse der Leiter zur obersten hüpfen, sondern müssen erst die Zwischenstufen betreten. Deshalb sind die Schriften der Mystiker auch nur für die geschrieben, die durch die Erkenntnis des wahren Menschentums in Wahrheit Menschen geworden sind; für alle anderen sind die äußerlichen Religions- und Morallehren da, um sie zu Menschen zu machen.

Auch ohne die Zuhilfenahme der Lehren der indischen Weisen stellt sich diese Stufenleiter der Entwicklung oder „Abwicklung“ des Geistigen aus dem Materiellen als eine durch die fortschreitende Verbesserung der Formen ermöglichte Offenbarung eines höheren Lebens dar.

Die höchsten drei Stufen sind folgende:

VI. Das Reich der Weisheit, d. h. das Reich der Macht. (Jupiter) ♃

VI. Das Reich des Schauens oder der Erkenntnis. (Merkur) ☿

V. Das Reich der Liebe (Venus) ♀

Diese drei Bewusstseinsstufen gehören dem göttlichen Leben an.

IV. Das Reich des Gedankenlebens. (Mond) ☽

Repräsentanten: Die Alltagsmenschen auf ihrer jetzigen Stufe der Entwicklung.

III. Das Reich der Instinkte und Leidenschaften. (Mars) ♂

Repräsentanten: Die Tiere.

II. Das Reich des vegetativen Lebens. (Sonne) ☉

Repräsentanten: Die Pflanzenwelt.

I. Das Reich des latenten Lebens. (Saturn) ♄

Repräsentanten: Das Mineralreich, die Erde.

Die alten Mystiker bezeichneten diese sieben Bewusstseinszustände mit dem Namen der „sieben Planeten“, deren Zeichen wir oben beigefügt haben. In jedem der Zeichen sind, wie Paracelsus sagt, die übrigen sechs verborgen. Selbst in der scheinbar toten Materie ist Gott das Wesentliche und alles Übrige nur Erscheinung. Sein Geist (Bewusstsein) äußert sich im Steine als

Gravitation, in den Pflanzen als Reizbarkeit und Wachstum, in den Tieren als Instinkt, im Menschen als Persönlichkeitsgefühl und die daraus entspringenden Eigenschaften, in einem erleuchteten Menschen als wahres individuelles Selbstbewusstsein, direkte Schauung, und schließlich auf der höchsten Stufe als wahre Selbsterkenntnis, d. h. diejenige absolute Erkenntnis der Wahrheit, in der keine Getrenntheit zwischen Objekt und Subjekt mehr existiert, sondern der Erkenner und das Erkannte Eins in der Kraft der Erkenntnis sind.

Besäße ein Stein, eine Pflanze, ein Tier die dazu nötige Organisation, so könnte auch in diesen die Gottheit Gottes offenbar werden. Der Mensch aber hat aus der Werkstätte der Natur einen hierzu tauglichen Organismus empfangen und sollte das dankbar anerkennen, selbst wenn er äußerlich unter Umständen lebt, die keineswegs wünschenswert sind. Es ist nur Eines nötig, um die Welt vollkommen zu machen, nämlich, dass die Menschen erkennen, was sie in Wirklichkeit sind.

Das Materielle erlangt durch den Geist sein Bewusstsein, der Geist durch das Materielle die Stärke und Kraft. Jede Kraft ist stofflicher Natur, und ohne den Stoff wäre sie nichts. Stoff ist nichts anderes als verdichtete Kraft. Gott ist die Einheit und ungeteilt. Was wir als „Kraft“ und „Stoff“ bezeichnen, sind nicht zwei verschiedene Götter oder Wesenheiten, sondern nur zwei verschiedene Arten des Offenbarwerdens der Einheit oder Daseinszustände der Einheit.

So stellt das ganze Weltall eine zahllose Reihe von Formen und Kräften oder Bewusstseinszuständen dar, bei denen das Höhere das Niedere beherrscht und das Niedere durch den Einfluss des Höheren sich veredelt und emporsteigen kann. Die Pflanze ernährt sich aus dem Erdreich, das Tier von der Pflanzenwelt, der irdische Mensch kämpft den Kampf um sein Dasein mit den Waffen, die ihm seine tierischen und intellektuellen Kräfte verleihen, der Intellekt entwickelt sich durch die Aufnahme von Ideen und wird veredelt durch die Intuition; die Seele, veredelt durch den Einfluss des Lichtes der Wahrheit, erlangt die Kraft der Schauung, breitet sich aus, und steigt am Ende zur Sonne der Weisheit empor. Das ist die „Himmelsleiter" der geistigen Evolution, die jeder Mystiker kennt.

Der Mensch ist somit im Grunde genommen; auch nichts anderes als ein Daseinszustand des allgegenwärtigen Gottes, und er muss sich durch diese Stufenleiter emporarbeiten, bis er zur Selbsterkenntnis seines wahren Daseins, gelangt. Auf jeder Stufe erlangt er eine andere Art des Bewusstseins, erhält andere Eindrücke, macht andere Wahrnehmungen und Währungen, deren denkwürdige Erinnerungen ihn zu der höchsten Stufe begleiten, während das, was nicht zum Höheren gehört, bei seinem Emporsteigen dazu zurückbleibt und einstweilen für ihn verschwindet.

Der Weg zur Selbsterkenntnis ist der Weg zur Ewigkeit und umfasst viele „Fleischwerdungen“ der „Wiederverkörperungen“, d. h. Wiederoffenbarungen der Seele in aufeinander folgenden Formen; es ist die Schule der Seele und ihrer individuellen Entwicklung durch eine Reihe von persönlichen Daseinsformen, die Schule der Mystik, in der Geburt und Tod wechseln und nicht aufhören, bis dass sich der Mensch selber als den Schöpfer seiner Daseinszustände erkennt.

Die Wahrheit in der christlichen und indischen Mystik ist eine und dieselbe, wenn auch die Worte, mit denen sie gelehrt wird, verschieden sind. Sie hat nichts mit dem Stückwerk der äußerlichen Erscheinungen zu tun, sondern bezieht sich auf die Erkenntnis des Ganzen, aus der dann die Kenntnis der Einzelerscheinungen von selbst hervorgeht. Die Seele des Menschen ist das Ganze, und er muss sich selbst als Eins mit dem Ganzen erfassen, wenn er das Ganze in Wahrheit erkennen will. Wer durch die Kraft der ihm innewohnenden göttlichen Liebe zu diesem Bewusstsein gekommen ist, der erkennt Gott in sich selbst und die göttlichen Kräfte als seine eigenen; er empfindet Gott in seinem Inneren als die über alle Habsucht erhabene Liebe, seine Persönlichkeit als den Ausfluss seines eigenen Willens; er erkennt Gottes Macht als das in ihm schaffende Wort, sein Wirken als die Offenbarung seiner selbst, seine Gewalt als Gerechtigkeit, seinen Atem als das Leben in allem, seine Vollkommenheit in seiner Wahrheit und die Ordnung aller Dinge in der Natur in seinem Gesetze. Er erkennt Gott als die unerschütterliche Ruhe im Grunde der Seele, den „Stein der Weisen“ und den „Felsen“, worauf die Kirche des Gottmenschen (d. h. die Erkenntnis der Wahrheit) gegründet ist, und er findet die ewige Seligkeit in der Verwirklichung des göttlichen Daseins in sich selbst.

Allerdings ist die mystische Selbsterkenntnis nicht ein Ding, das man sich zum Zeitvertreibe oder zur Befriedigung der wissenschaftlichen Neugierde verschaffen kann, denn es erfordert eine Entsagung von der Selbstheit, die nicht aus dem eigenen Willen oder der Fantasie entspringt, sondern aus der schaffenden Kraft des Geistes Gottes im Innern, wodurch der neue Mensch im Geiste und in der Wahrheit geboren wird, und ein höheres Bewusstsein, ein höheres geistiges Leben erlangt.

Der menschliche Geist, ein Spiegelbild des göttlichen Geistes, sucht in der Vielheit der Erscheinungen und erkennt die Einheit, das Wesen, nicht. Der heilige Gottesgeist im Menschen strebt nach nichts anderem als nach der Offenbarung seiner selbst. Wer sich selbst in diesem Geiste der Wahrheit findet, der hat Gott, die Wahrheit und alles gefunden; denn in diesem Einem ist alles enthalten: Gott und das Reich der Geister, Himmel und Erde und die ganze Natur. Deshalb sagten die Rosenkreuzer: „Wer vielerlei weiß und den Einen nicht kennt, weiß nichts. Wer den Einen erkennt, der kennt das Wesen von allem.“

Jeder Mensch hat den Keim zu dieser Erkenntnis in seinem Innern. Je mehr der Keim emporwächst, um so mehr steigt die Seele empor, um so weiter breitet sich der Kreis des selbstbewussten Denkens und der Wahrnehmung aus. Er gelangt auf jene Höhe, auf der ihm seine eigene Persönlichkeit und alles Irdische nur mehr wie ein Schattenspiel erscheint, bis er schließlich jenen Zustand der Selbsterkenntnis erreicht, der als ein Aufgehen der Gottheit im

Menschen bezeichnet werden kann. Dieses Aufblühen der Gotteserkenntnis im Herzen des Menschen, deren Licht die harte Schale, die der Unverstand um seine Seele gezogen hat, erweicht und durchdringt, wird von den Rosenkreuzern unter dem Sinnbilde einer Rose dargestellt. Die geistigen Kräfte, die ihr Wachstum befördern, sind der geistige Glaube, die göttliche Liebe, die selbstlose Hoffnung und die wahre Geduld.

unnecessary expenditure is incurred.
A good deal of reform is necessary
and can be made rather with the help
than the antagonism of Ann. Control.
Damodar would have told you
this but his mind was purposely
obscured, without his knowledge,
to test your intuitions. Show
this to lead. C. so that she may
co-operate with you.

K. H.

Faksimile eines Meisterbriefes des Mahatma K. H.

Faksimile eines Meisterbriefes des Mahatma M.

Auszüge aus den Briefen eines Rosenkreuzers

Vorbemerkung

Es ist bei allen echten mystischen Schriften der Umstand zu bedenken, dass, weil sie von höheren und geheimnisvollen Dingen handeln, die Tiefe ihres Inhalts nicht jedermann beim ersten Durchlesen sogleich klar zu sein pflegt, vielmehr dient ein wiederholtes Studium dazu, in der Seele jene Kräfte zu erwecken, die zur praktischen Ausübung und damit auch zu einem klaren Verständnis der Theorie nötig sind.

Einheit

Aus der Eins fließen alle Zahlen, aber die Einheit verändert sich dadurch nicht. Über dem wechselnden Strome der Gedanken herrscht der Geist, das Licht, das unveränderliche Selbstbewusstsein des Denkers, ruhig wie die Sonne über dem wogenden Meere. Es strahlt der Gedanke aus von diesem einen Licht, das ist wie ein helles Feuer, aus dem alle Wärme kommt. Diese Wärme wird zur Liebe, dringt in die Körper und strahlt aus den Körpern wieder als Liebe zurück. Ohne diesen Gedankenstrahl, der dem ewigen Lichte entspringt, gibt es keine Offenbarung und keine Erkenntnis. Wo der Mensch aufhört, da fängt die Erkenntnis der Wahrheit an. Der Geist bekundet seine Gegenwart durch seine Allwissenheit. Des Menschen Wissen ist nur ein Widerschein der Weisheit Gottes in ihm. Die Weisheit ist die Selbstbeschauung Gottes im All, d. h. im Spiegel der ganzen Natur.

Der Raum ist die Einheit, in der sich alles bewegt. Im Raume bewegt sich der Geist. Der Raum ist dunkel ohne das Licht und das Gemüt des Menschen dunkel ohne das Licht der Erkenntnis. Wenn der Mensch in seinem inneren Raum schafft für das Licht, so wird es in ihm leuchten. Suchet nach dem Mittepunkte. Dort atmet Gott. Da hauchet der Geist die Seele an; da spricht das Wort der Wahrheit. Da ist die innere Natur, das Licht und das geistige Leben. Von dort aus durchdringt das Licht und Leben alle Glieder und erfüllt den ganzen menschlichen Leib. Da ist wesentlich Gott als das Licht, Christus als das Wort und Jesus das Leben in der Hülle des Menschen.

Das geistige Leben ist die göttliche Liebe. Wer das Gebot der Liebe kennt, an die Allmacht des Schöpfers glaubt und auf die Verheißung der Gnade des Lichtes hofft, der ist im geistigen Leben und empfindet dessen Würde in sich. Das Gefühl ist der Anfang des Erwachens des Ichs. Der Grund, weshalb den Menschen sein innerliches Gefühl noch trügen kann, liegt darin, dass er nicht mehr erkennt, woher die innere Stimme kommt. Wenn das Gefühl angewachsen ist zum Wissen, dann wird das Auge Licht, die Hände werden Kraft, die Füße Stärke, und das Licht wird nach außen strahlen als geoffenbarte Wahrheit. Betrachte dich selbst und du wirst eine Welt sehen, der das Licht mangelt. Lass das Licht in deinem Innern aufgehen, streife alles ab, was untauglich ist, und du wirst sehen, dass Menschenwürde das Höchste ist, und der Mensch, der sich in Wahrheit selber erkennt, höher steht als alle andern Geschöpfe, Herr ist über sich selbst, über die Natur und die Elemente.

Im Menschen selbst sind alle geheimen Kräfte enthalten; es mangelt ihm nichts mehr, wenn er sich selber gefunden hat, denn er selbst ist das Ganze. Er steht als ein Einzelnes im Ganzen, ist aber dennoch Eins mit dem Ganzen, denn das Ganze ist nicht geteilt. Auch der Mensch soll nicht teilen, sondern lichten, seinen Körper durchforschen, seine Seele durchsuchen, das Licht in sich finden, denn das Licht ist Leben, und das Leben ist das Ganze, und das Ganze ist Geist. Wo Geist ist, da ist Gott, und wo Gott ist, da ist die Wahrheit, und die Wahrheit ist ein Spiegel, in dem alles erkannt werden kann.

„Suche nicht nach mir im Äußern“, spricht die Wahrheit. „Suche mich im Innern! Ich bin die Kraft in deinem Innern, die dich erheben kann“. Die Menschen, die im äußerlichen Leben, wollen nicht erkennen, dass sie irregehen. Jeder will nur die Frucht genießen, die im Garten eines anderen gewachsen ist, aber nichts selber schaffen. Greifet nicht nach dem leeren Schein, nur die Wahrheit sei euer Licht, in ihm suchet euch zu gestalten.

Gott und Mensch

Gott ist der Gipfelpunkt und die Hoheit, die Tiefe aller Tiefen, der Grund, das Fundament, die Kraft und die Wesenheit. Er ist von seiner Höhe herabgestiegen und im Inneren des Menschen zum Worte geworden. Die Natur, das Universum mit allem, was darin ist, umfasst der alleinige Gott, sein Geist belebt und bewegt alles im Großen und auch im Kleinen. Er ist der Gedanke, der alles regiert.

Gottes Leben ist das ewige Leben, und dieses Leben Gottes ist unser Leben, wenn es in uns erwacht. Träume, o Mensch, nicht vom Tode, sondern erkenne dich in deiner Einheitlichkeit mit dem All als eins mit Gott und dein Leben als ein Leben, ohne Anfang und ohne Ende, das Leben der Ewigkeit. Schaue die Schöpfung an und staune über die Güte der Allmacht! Gott ist das Leben in allem, und selbstbewusstes Leben ist aller Wesen Ziel. Denke daran, dass du frei bist, im Schöpfungsraume und in Gott grenzenlos, denn keine Grenzen schließen das Universum ein.

Wenn du zu Gott dich wendest, so redet die Gottheit überall zu dir. Wenn das Wort erschallt aus der Tiefe deines Herzens, so wird Wort mit Wort verbunden und der Mensch selbst zum Worte. Wenn der Herr durch alle Sinne in unserm Inneren spricht, dann ist neues Leben in uns. Die Liebe ist das Mittel zum Werke, denn wenn der Mensch den Schöpfer nicht liebt, so wird er auch dessen Stimme nicht vernehmen, noch seine Sprache verstehen.

Gott ist Geist und ist überall. Das Urlicht ist eine von ihm ausgehende Kraft, aber keine Entleerung, sondern nur Mitteilung geheimer Lichtfunken (Monaden). Wenn der Mensch nach dem Lichte sucht, so wird er es finden, denn allen Menschen ist ein

Funke des Urlichtes zugeteilt und liegt verschlossen zwischen Himmel und Erde. Die „Erde“ ist der Grundstoff des materiellen Lebens, der Himmel ist die der Wesenheit innewohnende Kraft, Geist, Seele und Form. Der Lichtfunke im Innern muss angeregt werden, damit er zu einem Feuer entflamme und die Wahrheit zutage bringe. Wahrheit ist nur im Lichte zu finden. Wird das Licht nicht vom Nebel befreit und vergehen die Wolken nicht, die es verhüllen, so kann es nicht offenbar werden.

Die Erkenntnis der Wahrheit scheidet den Tag von der Nacht, das Licht von der Finsternis, Irrtum von Wahrheit. Das ist das Werk des Gottessohnes im Menschen. Es ist die in uns wirkende Liebe des himmlischen Vaters, die uns erhebt, erweitert und erlöst.

Unermesslich groß und unergründlich tief sind die Gedanken Gottes. Sein Gedanke regiert das unermessliche All. Die Menschen haben vielerlei Gedanken, aber sie sind von dem Gedanken Gottes verschieden, wenn sie auch in Gott ihren ersten Ursprung haben, weil in Gott als Urgedanke alles von Ewigkeit gelegen ist und alles belebt wird durch ihn. Ziehet den Gedanken Gottes an euch heran, und es wird Licht in euch werden; bietet den Gedanken der Finsternis keinen Zufluchtsort in euch dar. Der Urgedanke in Gott ist Ewigkeit.

Gott braucht nicht erst einen Gedanken zu suchen, denn er ist der Gedanke selbst, in dem die wahre Weisheit verborgen ist. Er ist der Gedanke des Weisen, der schöpferische Gedanke, durch den der Wille zum Worte wird. Der Wille Gottes ist das Gesetz. Wohl dem Menschen, der diesen Willen von Gesetzeswegen vollbringt.

Suche, o Mensch, nicht das Ewige zu dir in den Staub herabzuziehen und es zu zerstückeln, sondern klopfe an der Pforte der Ewigkeit an, und mit kindlichem Vertrauen wende deine Blicke in dich. Das Erhabene in dir ist unsterblich, und wenn der Himmel dem geistigen Auge aufgetan wird, so finden sich in ihm alle Freuden des Geistes. Zögert nicht! Jede Sekunde ist eine kostbare Zeit.

Die Wahrheit

Suche die Wahrheit nicht nur in äußeren Dingen, in Göttern und Meistern und in der Natur, sondern suche sie auch in dir selbst. Suche in dir die Dreieinigkeit, die im Verborgenen wohnt, und du wirst sehen, fühlen, hören, riechen, schmecken und erkennen, dass nur ein einziger Gott ist und außer ihm kein anderer regiert. In dir selbst musst du die Wahrheit finden, in den Kräften des Geistes, die sich in dir regen und bewegen. Da ist ein neues Dasein, ein neuer Himmel und eine neue Welt. Da scheint die wahre geistige Sonne am Horizonte des menschlichen Gefühls, da sprossen die Lichtgestalten der erschaffenen Geister, da erweisen sie ihre Dienste im Allerinnersten und geben sich kund eis Botschafter und Abgesandte Gottes. In diesem Inneren Sein ist es nimmermehr Nacht, denn da scheint die ewige Sonne. Da hat der Herr seinen Thron, und vor ihm beugen sich die Menschen, die Erkenntnis besitzen.

O wie sehr ist es Nacht in euch! Kehret um auf dem Wege des Verderbens und wandelt den Weg des Gesetzes, denn außerhalb des Gesetzes gibt es keine Erlösung; wer aber im Gesetze wandelt, der wird ein Sohn des Lichtes genannt werden. Die Zeit wird kommen, wo die Menschen einsehen werden, dass die göttliche Gerechtigkeit jedem nach seinen Werken vergilt, und dass jeder die Frucht erntet, deren Samen er streut. Suchet nach dem Lichte, damit ihr dessen teilhaftig werdet, denn nur wer selber zum Lichte gelangt ist, kann in Wahrheit vom Lichte Zeugnis geben. Dieses Licht ist nicht das Licht der Gelehrten der Welt, mit dem sie sich selbst und die anderen Menschen betrügen, und das nicht besteht; denn wenn ihr Haus morsch wird und ihre Knochen alt, so wissen sie nicht mehr, worin ihre Lehre bestand. Auch ist es nicht das Licht jener Priester, die ihre Lehre von der Weltweisheit empfingen und statt des Lichtes nur Finsternis verbreiten. Wenige sind unter ihnen, die die Stimme der Wahrheit hören, aber viele, die das Licht der Wahrheit verdunkeln.

Wer das Licht finden will, muss sich zum Lichte erheben. Der Adler soll emporsteigen in die Luft, und die Schlange soll sich in die Erde verkriechen. Der Mensch soll auferstehen in Kraft. Gotteserkenntnis im Menschen ist Licht, Liebe, Leben. Jedes Ding hat seine Stärke nicht außer sich, sondern in sich selbst. Der Kern ist nur ein einziges Ding, aber dennoch sind in ihm viele Kräfte verborgen. Suchet in euerm eigenen Inneren die Übereinstimmung von Gott und Natur. Wenn der Mensch sich in seinem großen Ich gefunden hat, so hat er das Licht und ist dreieinig und erkennt seine Unsterblichkeit.

Der Mann und das Weib sind geistig geburtsfähig. Erstens durch den Gedanken, zweitens durch das Wort und drittens durch die Tat. Wenn der Gedanke Licht im menschlichen Körper, das Wort lebendig und die Tat zur Wahrheit geworden ist, dann ist der Weg zum unsterblichen Dasein durchwandert, und der Mensch steht am Eingange in das Geisterreich. Von oben herab steigt der befruchtende Geist, von unten hinauf wächst der Mensch, aus der Wurzel empor dringt die Kraft. Der menschliche Körper[1)] ist eine vergängliche Hülle, wenn er nicht Unsterblichkeit angezogen hat. Um das zu vollbringen, muss der Geist den Sieg über das Fleisch erringen, und das kann er nur durch den Gedanken geschehen, denn in ihm liegt Licht und Lebenskraft. Der Mensch muss leben, um zu sterben, und sterben, um zu leben. Nehmet eure Zuflucht zur Liebe und übet Geduld. Der Glaube gibt euch Kraft und Stärke, und die Hoffnung bringt den Sieg.

Das Licht

Es ist ein Punkt, um den sich alles dreht. Haltet alle eure Sinne auf ihn gerichtet. Haltet die Augen offen und schließt das Ohr nicht zu. Lasset das Herz fühlen und nehmt durch alle Organe

1) Der Astralkörper.

Geist in euch auf. Wenn der ganze Körper lichterfüllt ist, dann ist es der Schöpfer, der sich in ihm verklärt. Dann geht die geistige Sonne auf, um nicht mehr unterzugehen in Ewigkeit. Er, der alles weiß, will den Menschen zum Mitwissenden der göttlichen Geheimnisse machen, aber der Mensch soll nicht in seiner Eigenheit Gott zu ergründen suchen; er soll nur forschen, um in sich selbst die Kräfte zu finden, die zum Leben nötig sind. Er ist nicht geschaffen, um sein Leben zu vertrauern, wohl aber, um sich selbst zu gewinnen, sich selbst in seinem tiefsten Innern zu erforschen, sich selbst zu erkennen und Herr über sich selber zu sein.

Alles in der Natur strebt nach Licht und Erkenntnis, nur der Mensch weicht vom Wege ab. Wenn die Mischung nicht wäre, so wäre das Ziel bald erreicht. Wer wiedergeboren ist durch Wasser und Geist, der ist zum Leben geboren, und ihm ist die Macht gegeben, ein Kind Gottes zu werden. Die Neugeburt ist der innere Mensch. Wenn der neue Mensch sich selbst sieht, fühlt und hört, dann ist diese Stufe erklommen. Alles in der Natur trägt das Kleid seiner Eigenheit; der Mensch aber muss das neue Kleid anziehen, das Kleid des Nazareners.

Wie klein und unbedeutend ist der äußere Mensch, aber wie groß ist er in seinem Innern! Seine Größe reicht himmelan, und alles ist sein Eigentum, was er sich selber erringt. Der neue Himmel steht seinem geistigen Auge offen, Worte des Friedens vernimmt sein geistiges Ohr, und ein himmlisches Wehen durchdringt seine Adern, erquickend für sein Herz. Der neugeborene Mensch sieht Gott verherrlicht in der ganzen Natur. Die Vögel in der Luft, die Blumen auf dem Felde, die Fische im Wasser zeugen von ihm. Du, o Mensch, verherrliche deinen Gott in dir; dir allein ist es möglich, ihm zu nahen und den Himmel zu erringen, indem du dich selbst bezwingst. Wenn du an Gott glauben willst, so musst du auch an dich selbst glauben und erkennen, dass du aus Gott kommst, und dass Gott in dir ist als ein Licht und ein Leben und als das ewige Wort. Willst du mit Gott sprechen, so halte rein dein Herz und rein deinen Mund. Wer unrein ist, mag immerhin unrein sein, aber wer rein ist, soll noch reiner werden. Nutzloses Reden ist eine Kraftvergeudung; es entkräftet den Gedanken an Gott, und das Gebet bleibt ungehört.

Der Mensch ist ein geistiger Bau. Die Grundfeste, worauf dieser Bau ruht, ist „Die Wahrheit", aus ihr muss der Mensch erstehen. „Die Wahrheit" befreit den Menschen aus geistiger Gefangenschaft und führt ihn dorthin, wo keine Scheidewand mehr ist zwischen Gott und Mensch, zwischen Seele und Geist, zwischen Vater, Sohn und Geist.

Des Menschen inneres geistiges Auge eröffnet sich, indem er vergeistigt wird. Er selbst ist es, der sich aus der Nacht des Todes emporschwingt zum himmlischen Lebenslicht. Nur er allein unter allen Geschöpfen ist imstande, durch Gottes Gnade und des Geistes Belehrung die höchste Stufe einzunehmen, auf welcher der Geist der Weissagung im Innern sich offenbart.

Eng ist die Pforte, spricht Jesus zu euch, und nur die Kleinen können hindurchgehen. Schmal ist der Weg, der zum Leben führt. Er ist ein Leidensweg; wohl dem, der ausharrt bis ans Ende. Dann bricht der Tag an, und es verschwinden die Schatten in sich selbst, und es wird keine Nacht mehr sein; denn der Herr ist das Licht in uns, das das Land unserer Heimat, das himmlische Paradies, erleuchtet, das im Menschen verborgen ist, und in das der eingeht, der sich selbst überwindet und die Welt besiegt.

Jesus selbst ist der Weg, die Wahrheit und das Leben; durch ihn könnt ihr zum Vater kommen, denn er ist Eins mit ihm. Werdet Eins mit Jesus, der in euch wohnen wird in Kraft, in Macht und Herrlichkeit. In der Einheit ist die Reinheit, in der Tugend der Gehorsam, in der Unschuld wohnt die Liebe und im Glauben die Kraft, gerecht zu sein.

Der Glaube

Des Geistes Kraft ist der Glaube. Er ist ein hoher Berg und die Grundfeste des wahren Christentums, auf dem der Einzelne stehen soll. Wenige sind es, die ihn suchen, und wenige, die ihn kennen, denn der Glaube schließt Werke der Liebe in sich; ein Glaube ohne Werke ist tot. Der Glaube ist die Kraft der Wahrheit. Er bedingt die Erkenntnis der Einheit Gottes, der Erlösung durch Christum und der Kraft des heiligen Geistes. Je höher ihr im Glauben steigt, um so größer wird eure Kraft der geistigen Wahrnehmung. Ihr werdet „Die Wahrheit“ mit allen Sinnen erfassen, und der Glaube wird in euch wachsen zu einer Kraft, die von innen nach außen wirkt, und wodurch man Kranke gesund macht und den Sterbenden wieder zum Leben zurückrufen kann, indem man die Bande von Leib, Seele und Geist wieder zusammenknüpft. Der Glaube ist schon bei dem gewöhnlichen natürlichen Menschen viel vermögend, aber bei dem im Geiste wiedergeborenen Geistesmenschen ist er die allvermögende Kraft der Gottheit selbst. Erst wenn der Mensch sich selbst überwunden hat und neugeboren ist, fängt er an, in der Kraft des Glaubens zu wirken, im Glauben zu dienen und im Glauben zu wandeln. „Die Wahrheit" ist der lebendige Glaube, und diese Kraft ist im Menschen, der den Heiligen Geist empfangen hat; denn nur allein in diesem Geist, durch ihn und mit ihm ist der Glaube wirkend und wird seine ausströmende Kraft zum lebendigen Hauch, zum lebendigen Wort und zur lebendigen Tat. Glaube, und du wirst staunen, was Gott durch dich vollbringt.

Glaubet, soviel ihr könnt, aber nicht an das, was von der Welt ist, denn es verschwindet. Glaubet an die Welten im Schöpfungsraum und an das All, und findet euch in dem All als Einzelnes, das seiner Bestimmung lebt.

Der Mensch, der sich in Wahrheit selbst ernennt, umfasst das All, denn es ist alles in ihm enthalten und mangelt nichts. Sei auf dich bedacht und siehe zu, wie du mit dir umgehst, renn eine ewige Kraft leitet dich, die vom Höchsten ausgeht. Das Innere, das Innerste und das Äußere sollen in Einklang kommen, dann wird der Glaube zur Kraft und diese wirket alles in Harmonie mit dem Gesetze der Ewigkeit.

Übet euch und werdet stark im Glauben: denn nur der geübte Glaube wird in euch zur lebendigen Kraft. Die Kraft reicht soweit als der Glaube und der Glaube soweit als die geistige Erkenntnis. Die Kraft des Glaubens ist mächtiger als die Sünde; deshalb werden Kranke durch den Glauben geheilt. Die Kraft des Glaubens ist der geistige Wille, der Drang zum Guten, d. h. der Drang, den Willen des Vaters zu tun.

Ihr habt den Keim in euch, woraus der Glaube wächst. Er ist euch von Gott geschenkt. Im Glauben reift das Korn auf dem Felde und der Mensch in seinen Gliedern. Wie ihr im Geiste wachst, so wächst der Glaube in euch. Wenige sind es, die zum höchsten Glauben sich erheben, denn der Gipfel dieses Berges ist schwer zu erringen. Je höher man aber steigt, um so mehr wird der Glaube in Übereinstimmung mit dem Gesetze zur überzeugenden Gewissheit und Sicherheit in allem, was man vollbringt. Dann folgt dem Worte die Tat, und das ist der geistige Glaube, dem sich kein Hindernis mehr in den Weg stellt, denn dieser Glaube ist Gottes Kraft. Es ist Gott, der durch den Geistmenschen denkt, spricht und handelt. Wenn ihr euch in Wahrheit selbst kennen würdet, so würdet ihr Gott kennen. So viel ihr im Geiste zu glauben vermöget, so viel wird euch Gott schenken.[1)]

Viele Schätze sind im Menschen, wunderbar in Kraft und Gestalt.

Die geheime Kraft des Glaubens

Die Kraft des Glaubens ist die Kraft des Geistes. Wenn ihr glauben könnt, so seid ihr groß. Glücklich ist der Mensch, der sich zum Glauben erheben kann.

1) Es gibt dreierlei Arten des Glaubens: 1. Der intellektuelle Glaube, bestehend in Meinungen und dem Führwahrhalten von Theorien. 2. Der seelische Glaube, die Kraft, wodurch die Seele die Wahrheit fühlt. 3. Der geistige Glaube, der aus der geistigen Erkenntnis entspringt und eine magische Kraft ist, die dem höheren Selbst angehört.

An was sollen wir glauben? Glaubet an euer Ich und setzet dieses Ich auf den höchsten Gipfel. Wenn ihr die Kraft des Glaubens, den Geist in euch erkennt, so wird euch nichts unmöglich sein, denn der Geistesfunke wird beginnen zu lodern wie eine Flamme, groß und mächtig. In euch selbst liegt die Kraft verborgen, die nicht nur mächtig ist über die Natur, d. h. über die Elemente, sondern auch mächtig über den Tod. Wenn diese Kraft in euch erwacht, so wird es helle in euch werden und der Glaube sich als das Lebenslicht in euch zeigen. Wenn ihr das Ich in euch gefunden habt, das die Kraft ist, dann seid ihr nicht mehr „ihr", sondern der Geist in euch ist euer Ich, welches spricht und handelt. Der Glaube kommt aus dem Vollkommenen. Alle Kräfte, die der Mensch zusammenfasst in seinem Wesen, bilden eine Kraft, die Kraft des Glaubens, der Hoffnung und der Liebe. Der Glaube ist eine Kraft, die sich äußern kann in allen Gliedern, in allen Sinnen und nach außen wirken durch Geistesworte und Geistestat.

Glaubet an den Vater, die Allmacht, an Jesus, die ewige Weisheit und an den Geist der Heiligung und der Kraft der Erkenntnis; sie ist die Kraft des Glaubens in euch. Vater, Sohn und Geist sind eins und im Geistmenschen zu einem ewigen Sein vereint; denn Gott ist ohne Anfang und ohne Ende. Der Mensch soll glauben an sein Ich, als ein einheitliches Wesen, das ich „Gottes Natur im Menschen" nenne. Trauet euch selbst nicht zu, sondern glaubet an den Herrn, der seinen Thron in euch aufgeschlagen hat und der durch eure menschliche Hülle regiert.

Lasst das Senfkörnerlein wachsen und beschädigt nicht die Wurzel in euch. Sie steht tief in eurem Inneren, und von ihr steigt die Kraft aufwärts und befruchtet den Baum des Lebens. Sie ist die Zuversicht, die Gott in euch gelegt hat, der Glaube an die Unsterblichkeit und die Erkenntnis Gottes in euch selbst. Wenn der Mensch sich über seine Natur erhoben hat, so ist er Geist. Wollt ihr eure Kraft prüfen, so übet euch durch Taten im Glauben. Je mehr ihr euch übt, um so größer wird die Kraft. Suchet an euch selbst durch die Kraft des Glaubens die Leidenschaften zu zähmen und zu bezwingen. Der Glaube ist ein Rettungsanker, nicht nur für den guten, sondern euch für den bösen Menschen, wenn er umkehrt auf seinem Wege. Alles in der Natur hat seinen Endzweck; aber alles muss keimen und wachsen. Im Keime ist das Ganze enthalten. Mit dem Gefühl, das in euch wächst, wächst auch der Glaube. Mit jeder Wahrnehmung in eurem Inneren wächst eure Zuversicht, und mit jedem guten Werke, das ihr am Nächsten ausübet, wächst eure Kraft. Das Zeichen des Christen ist, dass er glaubet an Jesu Tod und Auferstehung im Menschen. Schließet auf euer Herz und wachet auf im Glauben! Der Tag ist nahe. Ihr werdet des Herrn Stimme in eurem Innern hören, er wird als euer König zu euch reden und in eurem Herzen thronen.

Die magische Wirkung des Glaubens

Die Kraft des Glaubens ist eine magische Kraft im Menschen. Sie wirkt erstens auf das Innere des Menschen, zweitens auf den Menschen selbst, drittens durch den Menschen auf die äußere Natur. Sie trägt die Seele auf den Flügeln des Windes in die weiteste Ferne; sie ist ein Geist und eine Kraft, und diesen Kraftgeist in sich selbst zu fühlen, ist das höchste Gut, denn sie führt den Menschen hinein in die Sphären, wo sich die Allmacht Gottes befindet.

Der Glaube zieht das Licht an, er gebiert den neuen Menschen; er ist ein Geist, eine Kraft, die durch den Menschen sich offenbart. Er dringt zum Höchsten empor und ziehet nach sich alles Höhere, und die Pforten der Erkenntnis springen auf, wenn der Glaube sich mit dem Lichte vereinigt.

Der innere Mensch, dessen Bild den Elohim gleicht, besitzt auch deren göttliche Eigenschaften und Vollkommenheiten. Wenn ihr euren Nächsten helft, so ist es die Kraft des Glaubens in euch, die ihm und euch hilft und alles vollbringt. Ist der Glaube groß, so könnt ihr Großes vollbringen; ist er klein, so könnt ihr Geringes tun; aber der lebendige Glaube ist die Kraft, in der sich alle Kräfte zu einem Ganzen vereinen; er ist im Menschen die Sicherheit, dass er das vollbringen kann, was er will. Wer ihn errungen hat, wird im Glauben des Vaters Willen vollbringen, der im Gehorsam liegt. Trauet euch selbst nichts zu; bauet das Haus und decket es zu mit der Wahrheit; setzet das Kreuz auf und ziehet es an. Nicht Menschenkraft, sondern Geisteskraft ist es, die in dem Glauben wirkt.

Im Glauben vereinigen sich alle Sinne und Kräfte und teilen sich den Nerven und Sinnen mit. Jede einzelne Kraft wirkt wohl für sich, aber die Kräfte alle vereinigen sich im Geiste.

Dieser Geist ist die Glaubenskraft; sie hemmet alles Materielle im Menschen und wirkt im Universum als Geisteskraft. Der Glaube ist ein Baum; er nimmt in sich die Kraft von eben und trägt Früchte der Ewigkeit.

Der Geist wirket, so der Mensch glaubt, aber wenige haben den geistigen Glauben in sich gefunden, über alles erhaben leuchtet der Mensch im Glauben, in der Hoffnung und in der Liebe. Der Glaube bedingt die Werke, die Werke die Liebe, und Liebe ist das Leben des Glaubens, denn durch sie bewirkt der Mensch die Einheit mit Gott.

Ihr könnt nicht anders in das Reich des Geistes kommen, als durch das offene Tor der Liebe; durch den Glauben aber bewältigt der Mensch die Hindernisse, die ihm im Wege stehen. Jede Tat, die den Menschen zum Guten leitet, ist ein Ausdruck von Geisteskraft. Der äußere Glaube bedingt die Form, der innere die Vereinigung, der geistige aber den Geistmenschen.

An ein All glauben, heißt an sich selbst glauben, an den inneren Geist, an die innere Kraft, an das innere Licht. Wer an Jesum glaubt, der glaubt auch an sich selbst, denn der Herr ist in ihm, mit ihm und durch ihn.

Der geistige Mensch hat seinen Stützpunkt in der Gnade Gottes, im Glauben an die Unsterblichkeit und in dem Selbstbewusstsein in der Größe des Geistes.

Die Seele

Der Odem des Herrn ist das Leben in allem. Er weht durch das All und belebt das Ganze. Das ist die Weltseele, die allen Wesen das Leben gibt. Der Mensch ist das Haupt alles Erschaffenen, ihm ist der Geist Gottes eingehaucht, damit er lebe in Ewigkeit. Er ist in einem Innern nach dem Ebenbilde Gottes als in dreieiniges Wesen geschaffen, und als sol dies besitzt er alles. Suche, und du wirst finden, dass dir nichts fehlt.

Die Seele ist der Leitstern durchs Leben; sie ist ein für sich wirkendes und erzeugendes Selbst, und was sie erzeuget, ist Offenbarung, der Geist Gottes im Lichte. Die Seele schreitet ihre Wege in Harmonie mit der Weltseele; sie ist dem Menschen eine Gesetzgeberin, denn sie trägt das Gesetz in sich. Sie lenkt den Menschen zum Guten, weist ihn auf die Bahn der Tugend und übt sich in ihrer vollen Gewalt; aber der äußere Mensch hüllt sie in Nacht, kerkert sie ein und fesselt sie. Binde nicht deine Seele, sondern befreie sie von den Banden des Fleisches, damit sie emporsteige auf Geisteswegen und, vereinigt mit der Weltseele, kund tue ihre Eigenschaften und ihre Gesetze.

Die Seele ist das Heilige, dir von Gott gegebene Ich. Sie ist du selbst. Diese deine Seele suche. Wenn sie sich in den Sinnen äußert, so offenbart sie sich mit Liebe den Menschen. Sie ist der Abglanz des Göttlichen, die Form des Geistigen und das Leben des Menschen. Wenn die Seele, während der Körper schläft, sich von einigen Banden befreit, so kann sie sich mit der Weltseele verbinden und sich auf wunderbare Weise offenbaren. Nicht der natürliche Mensch, sondern sein Ich geht dann in die Ferne, nimmt alles als ein Bild auf und stellt es dem Menschen vor. Sie ziehet hin, um das Göttliche in sich aufzunehmen. Das „böse Ich" verbindet sie, und das ist dein verkehrter, von der Welt empfangener Intellekt. Er hemmt die Seele in ihrem Wirken, und das Fleisch, das sie umschließt, bildet die Bande, die bei vielen Menschen erst im Tode sich lösen. Suche deine Seele, damit du in ihr lebest in Ewigkeit.

Es ist dem Menschen eine harte Schule auferlegt und ihm eine Lebensperiode gegeben, die Seele, den Geist, sein eigenes Ich zu suchen, die Bande der Seele zu lösen und ihr die Freiheit zum göttlichen Wirken zu geben. Sie ist ein vollkommenes Bild im wiedergeborenen Geistmenschen, mit göttlichen Tugenden und Eigenschaften begabt. Sie ist das schaffende Wort des Vaters. Sie ist Liebe und will Liebe haben; Liebe zu sich, zu Gott. Darum lasst euch führen von dem guten Ich, von der Seele, die in euch spricht. Ihr, die ihr die Stimme der Seele höret, freuet euch, denn der Tag ist nahe, an dem ihr mit vereinter Geisteskraft auf Gesetzesbahnen schreiten und den Willen des Vaters tun werdet, der euch erschaffen hat.

Seelenerkenntnis

In den Tiefen der Seele suche das wahre Wissen, vereinte Kraft. Der Geist der Wahrheit wird das Dunkel lüften. Willst du neu gebären, so befreie deine Seele von den Banden, die sie binden. Denke tief in dir und lass die Seele handeln. Das Reich der Seele ist der vom Gedanken sich bildende Kreis. Von diesem strömet die von dem Mittelpunkt ausgehende Kraft nach allen Richtungen des menschlichen Körpers.

Wenn du innerlich denkst, so zieht deine Seele Nahrung von dem Lichte; das Licht leuchtet im Kreise der Seele, und die Seele zieht alles in ihren Kreis. Darum ist sie dort, wo du denkst. Mensch, der du dir bewusst bist, eine Seele zuhaben, rufe sie, und sie wird dir kund tun, dass sie ein Leben ist, das sich allenthalben offenbart, im menschlichen Körper, an ihm und außer ihm. In ihm durch das Gefühl, an ihm durch die Formen und Zahlen[1)] und außer ihm in Wahrheit und im Licht. Der Seele Kraft macht den Körper gesund; alle Wahrheit kommt aus der Tiefe der Seele, als eine Neugeburt

1) Am Körper eines Buddha befinden sich angeblich 32 Zeichen, an denen er erkannt werden kann.

und als ein Erscheinen im Licht.[1] So ihr verkehrt seid, kann auch die Seele nur Verkehrtes zeigen; seid ihr aber echt, so bringt sie die Wahrheit. Die Seele ist streng und wahrhaftig in Gesetzeswegen, denn nur der Mensch übertritt das Gesetz; dann kann die Seele auch nur im Schlafe in ihm wirken; aber bei einem Menschen, der „Die Wahrheit" sucht, wird die Seele immer mehr und mehr von ihren Banden frei. Der Mensch ahnt nichts von dieser Tätigkeit, aber seine Seele ist tätig; sie schläft nicht; sie wirkt ohne sein Zutun. Willst du der Seele deinen Gruß bringen, so habe Glauben und rufe sie, und nimm ihr Wort in dich auf.

Der Mensch ist eine Welt im Kleinen, eine Erde, die Frucht bringen muss. Das Wort ist die Kraft, den Samen keimen zu machen und das Feuer anzublasen. So schreitet der Mensch die Stufen hinan. In der Tiefe, in der Höhe und im Mittelpunkte ist ihr Sitz. Wohl dem, der seine Seele ruft und sie findet als sein unsterbliches Ich.

Schlaget auf das innere Buch, das seelische Heim. Glaube, Hoffnung und Liebe sind die drei Grundkräfte, die dem Menschen gegeben sind, um zu seinem inneren Ich, zur Seele zu gelangen. Die Seele führet, leitet und regieret im Inneren des Menschen; sie nimmt Gestalt an und leuchtet in mancherlei Bildern. Sie ist des Menschen Führer durchs Leben und streift beim Tode alles ab, was ihr nicht tauglich ist. Sie ist der Meister, der dir das Menschenrätsel löst, wenn du ihm gehorchst.

Wenn Seele und Geist sich vereinigen, dann erscheint die Seele im Lichte des Gedankens. Wo das Licht ist, da ist der Seele Form, und wo der Mensch denkt, sei es in der Hand, im Fuße, im Aug' oder Ohr usw., da ist seine Seele. Wenn die Seele sich bewegt, so ist die Wahrnehmung in allen inneren Sinnen. Ihre Nahrung ist das Licht; Licht ist es, was sie bedarf. Sie ist das zu vermehrende Pfund, vom Herrn dem Menschen gegeben. In ihr befinden sich

1) Alle innerliche Offenbarung besteht darin, dass das, was die göttliche Seele im Innersten erkennt, zum Bewusstsein der Persönlichkeit des Menschen gelangt.

alle Künste und Wissenschaften. Nur was aus der Seele des Menschen kommt, ist Wahrheit; ohne Empfindung ist keine seelische Wahrnehmung und keine innerliche Offenbarung denkbar.

Der Seele Eingehen ist der Hauch, der Seele Ausgehen ist Licht und Wort. Aus dem Wortgebilde im Inneren kommen die Lichtgestalten hervor. Die himmlischen Wesen erzeugen sich im Gedankenlichte, und ihre Gestalt heißt Wort. Das Wort ist das erste, was sich im Menschen kund tut. Äußere Laute dringen an das äußere Ohr, aber die wahren himmlischen Töne kommen aus der Tiefe der Seele, aus dem Gefühl, wo der Sitz des Ganzen ist. Das Gefühl ist das Allumfassendste aller seelischen Kräfte, der seelischen Stärke und seelischen Offenbarung. Wenn die Seele sich zeigt in Gestalt, so ist sie ein treuer und wahrhaftiger Führer. Gott regiert die Seele und die Seele den Menschen. Die Seele ist das, was ihr empfindet, was ihr fühlet, was sich in euch bewegt. Seele ist Licht, Licht ist Leben, Leben das Wort, und das Wort ist Wahrheit. Im Herzen müsst ihr fühlen, was grünt, blüht und Früchte bringt.

Tagebuch-Notizen

Unter den Rosenkreuzern gesammelt und für die Wenigen bestimmt, die fähig sind, die darin enthaltene Wahrheit zu fühlen und zu erfassen.

Die Weisheit ist ein kostbarer Schatz, den nur derjenige kennt, der ihn durch die Gnade Gottes empfangen hat.

Trotz allem Vielgelehrten auf der Welt muss man auf dem Wege der Kunst des Lebens zum Kinde werden und Buchstaben lernen.

Wer den Stein der Weisen finden will, der muss in das Innere der Erde hinabsteigen. — Wer das verstehen will, der muss erst reif sein zum höheren Fühlen und Denken.

Erhebet eure Seele zu mir, und ich will euch wunderbare Dinge zeigen.

Wir können das Äußere nur dann in das Innere bringen, wenn wir von dem Geiste der Liebe durchdrungen sind.

Der elementarische Geist kommt von der äußeren Natur, der mentalische Geist (der Geist der Liebe und Gerechtigkeit) ist aus der Engelswelt, und der Dritte, das Licht, ist der Gottesgedanke.

Der Mensch ist aus Gott, um des Wortes willen, aus der Natur, um des Geistes willen, und aus den Elementen, um des Zeugnisses willen.

Die Luft ist Wasser, die Erde Feuer, die Sonne das Leben, die Liebe der Geist, das Licht der Gedanke, das Leben die Ewigkeit.

Die Gnade Gottes ist die Selbsterkenntnis.

Was wir in unserm Innern sehen, das sind die Bilder unserer Handlungen.

Ehe der Mensch die organischen Vorgänge seines Körpers beherrschen kann, muss er zuerst seine Seelenerregungen durch die Kraft seines Geistes beherrschen können, denn der Körper ist der Ausdruck der Seele. Man muss von innen nach außen und nicht von außen nach innen zu wirken versuchen; denn man muss geistig entwickelt sein, um Geistiges leisten zu können.

Angestrengte körperliche Arbeit ermüdet den Körper. Arbeit im Geistigen (Göttlich-Geistigen) kann körperliche Schmerzen verursachen und zwar durch den Geist, der Mark und Knochen durchdringt.

Niemand kann sich dem Feuer nahen, in dem Gott wohnt, weil es das geistige Wort ist. In sich selbst muss es durch das Licht entzündet werden, wodurch man selbst zum Feuer (oder Worte) wird.

Gleichwie Felsen nach und nach zerfallen, sich auflösen und in ein anderes Sein übergehen, so muss es mit dem Gegensatze in uns geschehen.

Durch das Sinnliche kreuzigt sich der Mensch selbst, wenn er ihm Untertan ist, anstatt es sich zu unterwerfen.

Gott gibt uns einen Geistesnamen zu unserem Fortschritt, damit wir uns durch ihn erinnern sollen an unsere Mission. Dieser Name soll uns eine Kraft sein in der Zweifelsucht und im Unglauben. Er soll uns aus dem Tierischen und Materiellen erheben und uns das Bewusstsein geben, dass wir Ebenbilder des Geistmenschen sind. „Liebe Gott über alles und deinen Nächsten wie dich selbst". Wie haltet ihr dieses Gebot.

Wie die Kirchenglocken die Menschen zur Andacht rufen, so ruft die Stimme der Seele den Menschen zu Gott.

Gleich dem Golde, das man der Erde entnimmt, um es im Feuer zu läutern, so muss die Seele aus dem Fleische gezogen werden, um im Feuer des Glaubens geläutert zu werden.

Die Krone des Lebens ist die Erkenntnis der Wahrheit. Sie soll das Haupt des Menschen zieren. Wer sie besitzt, der hat Wahrheit und kann die Tiefen der Gottheit erforschen.

Des Menschen Inneres ist gleich einer Harfe. Wenn die Saiten richtig gestimmt sind, so herrscht darin vollkommene Harmonie.

Das Herz ist die Hülle des Gedankens. Nicht im Kopfe, sondern nur im Herzen kann der Gedanke sich zum göttlichen Gefühle entwickeln.

Es gibt keine Schlüssel, die die Türe von selbst öffnen; wir müssen die Hände haben, um die Schlüssel zu gebrauchen. Durch die Handlung bewährt sich die Kraft.

Kein Mensch kann untergehen, solange die Hoffnung in ihm lebt.

Gäbe es keinen Irrtum, so gäbe es keine Kämpfe, um ihn zu überwinden. So aber muss die Wahrheit mit Schmerzen geboren werden.

Wer gerecht sein will, muss tun, was sein Glaube fordert, und das ist schwer. Die Leiden sind das Leben des Glaubens. Ohne sie ist der Glaube tot.

Ein reines, unschuldiges Menschenherz kann stets den Himmel sehen und fühlen und nach Belieben in ihm ein- und ausgehen.

Gleichwie ein Wasserstrom von der Höhe in die Tiefe dringt und alles zerstört, was nicht haltbar ist, so muss auch unser Geist in die tiefen Gemächer der Hölle dringen und (geistiges) Fleisch und Kräfte hervorbringen.

Wenn der Glaube in unserm Herzen lebendig ist, so trägt er uns über die hohen Berge und tiefen Täler; er überfliegt die breiten Meere und durchdringt das Dickicht der Wälder.

Wer innerliche Zufriedenheit hat, der fühlt in sich die Seligkeit, die kein Ende hat.

Die Leidenschaften sind die Wolken, die uns das Licht verbergen.

Alle Formen sind Worte, aber der Seelengeist ist keine Form; er ist das Wort (die Kraft) des Lebens.

In den Händen liegt die Handlung, um Gutes am Nächsten zu üben. Die Liebe zum Nächsten muss durch die Hände wirkend sein.

Wenn du Gott über alles liebst, so musst du auch bei allem, was über dich kommt, fest auf den Füßen stehen bleiben. Wenn wir aber schwanken oder zu Falle kommen, so erkennen wir daran, dass unsere Liebe nicht vollkommen ist.

Wir sollen alles mit Geduld ertragen, was über uns kommt, besonders von unseren Feinden, und nicht Gerechtigkeit suchen, sondern alles dulden, wenn auch das Herz dabei blutet.

Bei einem Menschen, der nach dem Göttlichen strebt, treten infolge der hierdurch erweckten Energie auch die niederen Einflüsse stärker hervor; denn es begegnen sich hier zwei Pole, die sich gegenseitig bekämpfen. So du aber deinen Geistesnamen ernstlich im Selbstbewusstsein denkst, so wirst du staunen ob dessen Kraft, vor der alle niederen sinnlichen Gedanken weichen müssen. Der Mensch muss gleichsam Gott in sich zum Bewusstsein rufen; denn Gott ist nur denkbar als Kraft in uns, und wir müssen ihn erkennen im Gedanken als Urkraft, im Gefühl als Wirkungskraft und in allen unseren Handlungen als Schaffenskraft in der Offenbarung.

In der Kunst des Lebens erzogen zu werden, ist eine Aufgabe, die jeder Mensch sich selbst stellen soll. Der Weg zum wahren Leben, zum höheren geistigen Licht und zur Selbsterkenntnis ist nicht leicht und gelingt nur einem standhaften mutigen Menschen; denn Licht und Finsternis treten als mächtige Kämpfer einander im Menschen entgegen.

Wer zur Auferstehung im Geiste gelangt ist, der braucht nicht mehr reinkarniert zu werden, es wäre denn, er übernähme freiwillig eine Mission für die Welt.

Der Mensch kann als das edelste Geschöpf betrachtet werden, weil ein jeder von dem Urgedanken, welcher Gott ist, einen Funken empfangen hat; denn dieser Funke verbindet sich mit Gott und mit dem Geiste der Welt und bringt ihn in Harmonie mit der Weltseele. Willst du den Weg zur Unsterblichkeit wandeln, so musst du den Gottesgedanken in dir verkörpern durch das Wort: Es werde! (d. h. durch die Tat).

Der richtige geistige Führer des Menschen, den jeder in sich selbst finden muss, ist der Funke aus Gott in uns, und er kann in allen fünf Sinnen wahrgenommen werden, wenn diese erwacht und lebendig sind. Der Schüler hat keine Macht über den Meister; der Führer in unserm Innern steht in der Freiheit und tut sich kund in Liebe und Gnade demjenigen, der sich ihm untergeordnet. Wir müssen darnach streben, in den Geist zu kommen und in ihm zu bleiben, und nur aus ihm herauszutreten, wenn es nötig ist.

Grüble nicht über das Vergangene, und sorge dich nicht um die Zukunft. Das Vergangene hat für den Wahrheitssuchenden keinen Wert, und das Zukünftige entspringt aus der Gegenwart. In der Gegenwart offenbart sich der göttliche Geist im Menschen als ein Licht, umgeben vom Glanze der geistigen Sonne.

Einem Menschen, der auf dem Wege der Veredlung seiner selbst fortzuschreiten bemüht ist, werden von allen Seiten Hindernisse in den Weg gelegt; von Gott, von der Natur und von den Menschen, um ihn zu stählen für den geistigen Weg der Selbsterkenntnis und Selbstbeherrschung, der nicht leicht und auch nicht jedermanns Sache ist. Viele sind berufen, aber wenige auserwählt. Der Beruf ist schwer, die Auserwählung noch schwerer; aber ohne Kampf gibt es keinen Sieg. Darum lasset nicht ab in euren Kämpfen, um das höhere Ich in euch zum Leben im Geiste zu erwecken.

Der geistige Weg ist nicht leicht. In die Wahrheit kann man dringen, und man ist schon in ihr mit der ersten Offenbarung im Inneren; aber an die Quelle der Wahrheit zu kommen, das erfordert Jahre; denn sie ist die Quintessenz aus dem Mittelpunkte des geistigen Lebens. Der siegreich auferstandene Mensch kann aus ihr schöpfen; aber wir liegen noch im Grabe unserer Vielheit der Leidenschaften.

Des Menschen Aufgabe ist es, sein wahres Ich zu retten und in die Höhe zu bringen, wohin es gehört. Kurz ist des Menschen Leben auf Erden, und deshalb ist es seine Pflicht gegen Gott und sich selbst, während dieses Lebens das Ewige in sich zu verwirklichen, damit, wenn er scheidet, seine Seele leuchte im göttlichen Licht.

Geheimnisvoll ist das Wirken des Geistes Gottes im Menschen. Wohl dem, dem das goldene Seil der erlösenden Gnadenkraft zugeworfen wird, und der es erfasst und sich daran emporziehen, lässt durch die Güte der Allmacht des Ewigen.

Es ist nicht jedermann reif zur Erkenntnis der Wahrheit, solange er nicht durch die geheime Schule des Lebens gegangen ist. Die Theorie mag sehr schön sein, aber selber in der Wahrheit leben ist unser Ziel. Der Weg zum Lichte geht nur langsam vorwärts, aber der mutig Beharrliche weicht niemals zurück.

Der Mensch kann nur in seinem Innern das finden, was der Endzweck seiner Bestimmung ist. Wo anders könnten wir unsere Ruhe finden, als in unserm Innersten? Im Innersten ist das Göttliche. Je mehr wir in es eindringen, um so ruhiger werden wir werden. Je mehr ihr in euch herabsteigt, um so mehr wird Geisteskraft euch erhöhen.

Geistige Offenbarungen in unserm Inneren geschehen nicht dadurch, dass wir sie wollen oder wünschen; denn unser Wille ist von dieser Welt und hemmt nur den wirkenden Geist in uns. Sobald aber unser Wille aufhört zu wollen, wird der Geisteswille in uns kund. Dann kommt hervor eine Geburt, die für uns eine nützliche Offenbarung ist.

Wo das Materielle anfängt, da müssen wir mit unserm Willen kämpfen, um zu vertreiben, was uns hinderlich ist. Kommen wir aber ins Innere, an die Schwelle des Heiligtums, dann soll unser Wille aufhören und wir frei sein.

Es gibt keine Schüler im Geistigen, die sich nicht selbst irgendwo Hindernisse in den Weg legen; aber gerade diese sind es, die uns zum Bewusstsein bringen und das Verlangen nach dem Höheren immer aufs Neue in uns anregen.

Jeder Mensch hat seinen geistigen Führer; aber nicht jeder hat die Gnade Gottes, ihn in allem zu erkennen.

Wer im Kampfe der Wiedergeburt steht, der soll nicht nach rechts oder links sehen, sondern warten, bis er eine feste Grundlage hat, wo es nicht mehr möglich ist zu fallen, wenn Stürme kommen. Wer feststeht, kann alles prüfen und lernen, indem er es als einen Durchgang betrachtet.

Das Wort üben ist eine Gnade Gottes; denn nur, was von oben herab kommt, kann auch wieder hinaufsteigen.

Wahrheit ist alles Materielle, was wir von außen sehen, greifen, hören usw. Offenbarung aber ist, was wir im Inneren in allen fünf Sinnen wahrnehmen, und was außerhalb nicht vorhanden ist.

Geistiger Gehorsam ist es, wenn man so viel als möglich gegen den Eigenwillen ankämpft.

Wenn der Körper krank und angegriffen ist, so tritt das Innersinnliche stärker hervor, weil dann die Nervenkräfte geschwächt sind und damit auch der Lebenswille.

Wo keine Versuchung ist, da ist auch kein Kampf und kein Sieg. Wer nichts in sich zu bekämpfen hat, der gleicht einem Toten, der nie fähig ist, zum wahren Leben zu gelangen. Das Unterliegen in solchen Kämpfen ist keine Schande, wohl aber ist es ein Zeichen von Schwäche, wenn man mutlos liegen bleibt und sich nicht wieder erhebt.

Wenn die inneren Sinne erweckt sind, so nehmen wir durch sie die Gegenwart des höheren Ichs in uns wahr.

Das größte gute Werk, das ein Mensch vollbringen kann, kann er vor allem an sich selber tun, indem er sich emporhebt zum Licht, und nicht den finstern Mächten Gewalt über sich lässt.

Wer unzufrieden ist mit dem, was er erhalten hat, macht sich unfähig, mehr zu empfangen. Je reiner die Danksagung erschallt zum Throne des Ewigen, um so klarer und heller wird es in unserm Inneren. Wer für das Kleine, das er geistig erhalten hat, dankbar ist, dem wird Größeres zu teil.

Es gibt ein zweifaches „inneres Wort“, nämlich ein wahres und ein verkehrtes. Das verkehrte oder Lügenwort kommt durch den Eigenwillen hervor, das Wahre durch die Selbstverleugnung. Wer nicht mehr selbst will, sondern Gottes Willen in sich regieren lässt, der geht nie irre. Ein solcher Mensch ist im wahren Selbstbewusstsein, geläutert in der Ruhe; darum bekommt er auch ein wahres Wort aus Gott; der unzufriedene und aufgeregte Mensch ist immer verkehrt, und deshalb ist auch sein inneres Wort verkehrt, und er betrügt sich damit selbst. Gebt Gott allein die Ehre und lasset ihn Wahrheit, werden in euch selbst.

Der wahre Diener Gottes ist auserkoren zu einem Zeugen Gottes in dieser Welt. In ihm offenbart sich die Lüge nicht.

Der wiedergeborene Mensch ist gezeugt durch denjenigen, der Macht annimmt im Menschen, Macht im Wollen und Vollbringen, im Sein und Werden. Gott zeugt sich selbst im Menschen und gibt Zeugnis von sich selbst in und durch ihn. Niemand erkennt ihn als der, der ihn in sich selber erfasst. Liebe ist das Gute, Gnade das Wahre und der Mensch der Tempel, in welchem Gott seine Kraft und Herrlichkeit offenbart. Nur durch ihn allein kann Friede auf Erden sein.

Gott spricht: Ich bin die ewige Liebe. Wer sich zu mir hält, ist mein Eigentum, und wer sich von mir wegwendet, der ist verloren. Das kann nicht anders sein, um der Freiheit willen, d. h., damit der freie Wille des Menschen gewahrt bleibe.

Bleibe, o Herr, immerdar im Menschenkinde, auf dass die Auferstehung in ihm zur Macht, Kraft und Herrlichkeit werde, denn in dir allein, wird das wahre Leben seinen Triumph feiern in jedem einzelnen Menschen, der dich erfasst mit seinem ganzen geistigen Sein.

Die Liebe spricht: Ich fordere von euch nichts, als dass ihr im Strudel der Welt, in der Familie und unter den Wirkungen der verschiedenen Gegenkräfte stets meiner gedenkt. Ich bin die Liebe, und ferne von euch sei der Zorn. In der Liebe und Weisheit erziehe ich euch, in der Geduld erhalte ich euch, in der Gnade erlöse ich euch, in der Gerechtigkeit erhebe ich euch. Euer Verlangen soll mein Wille sein; in diesem allein bin ich Meister in eurem Inneren.

Wir sind von Gott ausgegangen, und in ihm ist unsere Heimat. Wer nach der Heimat kommen will, muss sich nach ihr sehnen. Unsere Heimat ist das Licht, und wer nach dem Lichte strebt, der wird sich freuen, dass ein Stern leuchtet, der ihm die Heimat verkündet. Nehmt an den kindlichen Sinn, vergesset das Böse in euch, dann wird die Liebe die Kraft sein, die euch belebt. Der Wurm, der in euch naget, ist von eurem Eigenwillen erzeugt; an ihn seid ihr gebunden. Frei ist nur das Geschöpf, das sich zu seinem Schöpfer erhebt.

Wir können das Äußere nur dann in das Innere bringen, wenn wir von dem Feuer der Liebe durchdrungen sind.

Das Größte im Himmel ist der geoffenbarte Vater; das Kleinste auf der Erde ist das Samenkorn, das der himmlische Vater in uns gelegt hat.

Der Glaube kommt aus der Offenbarung, der Wille kommt aus dem Glauben. Aus dem Gefühl kommt die Furcht, aus der Furcht das Gewissen, aus dem Gewissen der Verstand und aus dem Verstand die geistige Erkenntnis.

Wir lieben einander dadurch, dass wir geistig freien Willen haben. Das Gegenstück der Liebe ist der Hass, aus dem alle Bosheit entspringt.

Geistige Freiheit ist es, wenn man die Begierden und Leidenschaften des eigenen Körpers bekämpft. Geistesleben ist es, wenn man aus seinem Inneren Belehrung schöpft. Die Gedanken werden dadurch gezügelt, dass man alles Äußerliche als einen Durchgang ansieht und es nicht in sich aufnimmt.

Der Wille ist eine dem Menschen eigene Kraft. Sie hat ihren Sitz im Leben und dieses im Blut. Bei dem äußeren Menschen ist das Blut der Wille über das Fleisch, und bei dem inneren (himmlischen) Menschen ist das Wort Gottes die Kraft über Fleisch und Blut. Die Kraft dieses Wortes ist die Wahrheit, die wir dadurch erkennen, dass wir das Wort in unserm Gefühle lebendig machen. Das aber geschient, indem wir das Herzensgebet üben und die Gebote Gottes befolgen lernen.

Die Seele ist das Gefühl, ihre Kraft ist der Gedanke und ihre Offenbarung das Wort. Den Körper mit der Seele verbindet das Wort, die Seele mit dem Geiste verbindet der Gedanke. Die Kraft des Gedankens ist der Atem, und die Kraft des Wortes Gottes im Menschen erweist sich durch die Handlungen, die er vollbringen kann.

Materie ist eine äußere, sichtbar wirkende, Geist eine unsichtbar wirkende Kraft.

Gedanke, Wort und Offenbarung wird tätig durch den inneren Trieb nach dem Göttlichen. Durch die Wiedergeburt ist der Seele die Macht gegeben, sich in höhere Sphären zu erheben.

Wir sollen uns keinen Ahnungen, falschen Gefühlen, Träumen und Einbildungen hingeben, denn sie sind selten Wahrheit, weil sie von unserem äußeren Geiste kommen, wodurch wir gedrückt und unruhig in unserm Inneren werden.

Vergangenheit, Gegenwart und Zukunft liegen im Menschen. Wir leben in der Vergangenheit durch den Gedanken, sehen in die Zukunft durch das Gefühl und wirken in ihr durch die Worte.

Die Hoffnung ist ein verzehrendes Feuer für den, der in ihr nicht beharrlich bleibt. Sie ist die innerliche Kraft des Glaubens. Die Liebe ist stärker als Glaube und Hoffnung, weil sie diese beiden Kräfte übersteigt.

Der Gedanke geht aus dem Herzen, durchdringt den Menschen und geht wieder in den Mittelpunkt, ins Herz, zurück. Als Licht dringt der Gedanke ins Herz, und als Schatten geht er wieder aus. Der Schatten ist das Zeugnis vom Licht und bildet verschiedene Formen.

Finsternis ist es, wenn ein Mensch keine Gotteserkenntnis hat. Geistige Blindheit, wenn sich der Geist sichtbar offenbart und es die Menschen nicht erkennen. Irrlichter sind die, die sich (in religiösen Dingen) als Lehrer ausgeben, ihre Lehre aber nicht aus Gott haben, sondern aus Büchern, vom Hörensagen oder vom äußeren Verstand.

Meineid gegen Gott ist es, wenn wir ihm in unserem Herzen versprechen, nicht mehr Böses zu tun, es aber doch wieder vollbringen.

So wie in der äußeren Natur die Wurzeln der Bäume tief in der Erde stehen und alle Kräfte von Sonne, Mond, Gestirnen, Planeten, Regen und Luft in sich aufnehmen und als Behälter an sich ziehen, so ist es beim Menschen. Alle himmlischen Triebkräfte müssen nach unten gehen, um geläutert vom Geiste wieder emporzusteigen durch die Liebe Gottes. (Es steigt nichts zum Himmel empor, was nicht vom Himmel herabgekommen ist.)

Der Sitz des Gedankens im Menschen hat drei Stufenreihen: im Gefühl, im Herzen und in der Handlung. Er hat seinen Sitz im Gefühl bei einem Menschen (Neophyten), der auf Geisteswegen geht; im Herzen durch das Wort, woselbst er zeugend ist, bei einem Menschen, der weiter im Geistigen vorwärts geschritten ist; in der Handlung bei einem vollkommenen Menschen, der durch seine Organe vollführt, was er denkt.

Man soll an Gott glauben in der Hoffnung, dass man das erhält und erringt, was man glaubt. Eine Grundlage dieses Glaubens ist es, wenn man an sich selbst glauben lernt. Das ist das Schwerste, weil wir von dem Sichtbaren auf das Unsichtbare schließen müssen. Nur ein treuer Schüler der Weisheit kann es vollbringen. Eine andere Grundlage des Glaubens an Gott ist die geoffenbarte Schöpfung, die wir sehen, und die uns zum Denken führen soll, und noch eine andere ist die Lehre, oder das offenbarliche Wort, das wir hören und in uns aufnehmen, das heißt lebendig machen sollen.

Der Glaube ist eine große Wirkungskraft; die Kraft jedoch, die von einem Menschen, der den rechten Glauben hat, ausgeht, ist Handlungskraft, d. h., sie geht auf den Nebenmenschen, der Glauben hat, über und wirkt in ihm und bringt eine offenbarliche

Geburt in ihm hervor (Darin besteht die geistige Führung.). Bei einem Zweifler und Ungläubigen geht sie aber wieder auf Ersteren zurück.

Man soll sich selbst lieben durch einen schaffenden Glauben. Man soll sich selbst (geistig gesprochen) „die Hände auflegen" und alle materiellen Schmerzen austilgen, denn sie hemmen den göttlichen Geist. Lernt fühlen die Kraft, die Größe, die in euch und in jeden Menschen gelegt ist. Es ist Gottes Liebesgabe, die ihr nur nehmen dürft, vorausgesetzt, dass ihr den Willen, Glauben und Mut dazu habt.

Der Glaube ist geistiges Leben. Er macht das geistig Tote in uns lebendig und im Materiellen das Lebendige tot.

Im Haupte ist der Sitz der Macht und Gewalt, die Herrschaft über den ganzen Körper auszuüben. Das Blut muss allerdings den Körper neu gebären; aber dieser Sprosse wäre leblos und dem Sturme preisgegeben, würde er nicht durch die Herrschaft des Gedankens immer von Neuem umgewandelt werden.

Das Händeauflegen ist eine Form, die den Zweck hat, den Glauben zu stärken; denn die gleiche Kraft, die (bei einem Erleuchteten) von den Fingerspitzen ausgeht, ist in allen Körperteilen lebendig ausströmend, so wir den Willen im Worte aussprechen. Selig sind die Menschen, die ihren Geist mit Gottes Geist vereinigen.

Die Seele eines Menschen verbindet sich mit der Seele eines anderen Menschen in der Ferne durch „Luft, Wasser und Schall". Die „Luft" ist die Kraft der Verbindung zweier Seelen, das „Wasser" (Akasha) eine geschwängerte, verdickte „Luft", und aus ihr geht die Form des Menschen hervor, mit dem wir Verkehr haben wollen, sodass wir ihn erkennen. Der „Schall" ist das Leben des Ganzen, nämlich das Wort, das er zu uns spricht.

Die geheimen Kräfte in der Natur nennen wir Glaube, Wille und Offenbarungskraft. Wir erkennen sie aus ihren Offenbarungen. Sie sind von Geburt aus in uns gelegt, aber wir müssen sie beleben. Glaubet so viel ihr vermöget, aber vergesst ja den Willen nicht.

Wir haben Gott in uns erkannt als Kraft; aber diese Kraft ist nicht Gott selbst, sondern ein Ausfluss von ihm, und sie ist uns Untertan nach unserm Willen, sei er gut oder böse.

Die Menschen können das Göttliche nicht fassen, weil sie selbst keine Wahrheit mehr in sich haben.

Das Böse hat kein Ich; deshalb ist es und ist nicht. Es kann auch nicht schaffen; es ist auf Wirkung beschränkt.

Der Herr spricht: So du dich mir willst nahen im Geiste und in der Wahrheit, darfst du keinen Gedanken haben und auch kein Wort bereit; nur fühlen allein.

Den Geistesäther (die Liebe und Erkenntnis) sollt ihr atmen, nicht die rohe Tieresluft.

Der Mutige stirbt nicht, aber der Zweifler verdirbt.

Alles Beginnen liegt im Stillehalten seiner selbst. Nur so erreicht man das ersehnte Ziel. Der Ewige spricht: So ich zu euch rede, bedarf ich eurer Gedanken nicht, aber wenn ihr zu mir reden wollt, so müsst ihr das, was ihr sprecht, denken. Dann werde ich eure Bitte gewähren, weil ich die Liebe bin. Rosen und

Lilien streue ich auf eure Bahn, die Disteln und Dornen habt ihr selber gesät.

Die „Verklärung auf dem Berge“ ist das Liebesfeuer gegen den Nebenmenschen, das alles überwindet, und in dem wir aus Liebe alles zum Opfer bringen. Diese Überwindung führt uns zum Verkehr mit den seligen Geistern.

Nichts verdunkelt das geistige Auge mehr als die Undankbarkeit.

Der Mensch überwindet sein Blut durch den Glauben an das Gesetz Gottes, das ihm verkündet wird durch den Mund der Erleuchteten. Dieses Wort sollen wir glauben, wenn es auch nicht nach unserm Sinne in Erfüllung geht.

Lebendigsein ist eine Kraft, hervorgebracht durch den Willen. Der Wille selbst ist diese Kraft.

Wir können den Vater nicht sehen, weil wir keine Kinder Gottes, sondern der Welt sind.

Das Blut ist Bewegung; der Wille soll der Herr sein. Wer die Bewegung (die Leidenschaft) nicht hemmen kann, der hat auch keinen Geisteswillen.

Der äußere Mensch soll die Grundlage des inneren Menschen werden, d. h. wir müssen die von außen kommende göttliche Kraft in uns aufnehmen und durch den Glauben in uns befestigen; denn dieser Glaube ist das Fundament des inneren Menschen, aus dem das Äußere hinein und das Innere herauskommt.

Alle Formen des Himmels und der Erde werden vergehen, aber das Wort kann nicht vergehen, weil es die Vollkommenheit ist.

Die Formen, die wir sehen, sind die Schatten des Lichtes. Wenn wir kein Licht in uns haben, so leben wir in der Finsternis, und die Finsternis ist der Tod.

Wir sollen Gott fürchten, dadurch, dass wir tun, was er will. Dann haben wir Weisheit.

In den Händen liegt die Handlung und in den Armen die Kraft des Geisteswillens.

Ein Wort der Wahrheit macht die kranke Seele gesund.

Der Körper ist ein Zeugnis des Schöpfers (des Gedankens) in der Natur. Der Kraftgeist von diesem sind die sinnlichen Gefühle.

Um sich selbst zu helfen, muss man vor allem fest auf den Füßen stehen und den festen Glauben haben, dass Gottes Kraft in uns wirkend ist, und dass wir uns durch diese helfen können. Ist der Glaube groß, so können wir ein großes Übel beseitigen; ist er klein, so können wir nur für ein kleines helfen. Um aber dem Nächsten zu helfen, dazu müssen wir von der Liebe durchdrungen sein; aber von einer göttlichen, nicht nach dem Fleische, sondern nach dem Geiste Gottes, der nur Gutes hervorbringt.

Der Geist des Menschen ist aus drei Eigenschaften zusammengesetzt; übernatürlich, natürlich und widernatürlich, „übernatürlich“ ist das, was die Materialisten nicht begreifen können. Natürlich ist der Mensch, wenn er seine wahre Natur erkennt. Widernatürlich ist es, wenn man das, was man selber besitzt, ableugnet, weil man es nicht erkennt. Der widernatürliche Mensch muss natürlich werden, ehe er das Übernatürliche fassen kann.

Das Licht des Geistes ist Ruhe, Zufriedenheit, Seligkeit; die Schatten des Geistes Kummer, Sorge und Schmerz. Das erste Gebot des Geistes ist, dass er einen sich ebenbürtigen Leib anziehen soll.

Die Schwerkraft des Geistes liegt im Körper mit seinen Leidenschaften. Die Schwerkraft der Seele liegt in den materiellen Sinnen. Wir müssen den Geist in uns zu befestigen lernen; denn er kann eine neue Geburt nicht außer uns, sondern nur in uns hervorbringen. Hierzu sind wir in dieser materiellen Welt. In unsere materielle Körperhülle soll der Herr einziehen, aber unser Eigenwille leistet ihm Widerstand, und solange sich ihm niemand ergeben will, so geschieht es auch nicht.

Des Menschen Macht liegt in seinem Gehorsam. Wer sich dem Willen Gottes fügt, der ist ein Held.

Der Friede in uns selbst ist ein Stern, der alle Wolken in unscrm Haupte zerteilt.

Geistiges Schauen ist es, wenn der Mensch im Lichte lebt, je nach dem Grade seiner Erkenntnis.

So wie der Mensch denkt, ist auch seine Seele, weil die Seele die Form des Gedankens ist. Die Seele vollbringt die Tätigkeit der Sinne und stellt sie uns in Bildern dar, so wie sie sind, seien sie schön oder hässlich, wahr oder verkehrt. Die Seele ist der Spiegel des Menschen, in dem er seine Gedanken sieht und das Sinnliche verkörpert sich abspielt.

Die Seele ist die Erste Offenbarung der Gottheit, weil sie ein Ausfluss der Gottheit ist. Die Kraft der Seele ist eine natürliche, denn der Körper muss ihre Grundlage sein. Die Eigenschaften der Seele sind: Erstens, dass sie unsterblich ist. Zweitens, dass sie sich außerhalb des Körpers versetzen kann. Drittens, dass sie Gestalt annehmen kann. (Ihre angenommenen Zustände bedingen die Gestalt, die sie annehmen muss). Der Geist kann sich mit der Seele nur durch den Körper verbinden. Er ist die Kraft der Seele. Ohne ihn hat sie kein offenbarliches Leben. Ohne das Licht des Geistes bleibt die Seele für uns in der Finsternis. Die Zustände der Seele werden im Inneren an ihren Begierden erkannt.

Die Sprache der Seele ist der Gedanke, ihr Kleid ist das Licht der Erkenntnis, ihr Haupt der Gottesgedanke, ihre Füße die Wahrheit, ihr Herz die Liebe und ihre Zierde die Weisheit. Der Stachel der Seele, d. h. die Spitze, durch die man sich selbst verwunden kann, ist die Sinneslust. Der Mensch muss die materiellen Gedanken von sich streifen lernen, um mit der Seele eins zu werden. Das kann nur im höheren Bewusstsein geschehen. Es soll nicht mehr Gedanke, sondern nur mehr Licht und Seele sein.

Die Seele spricht in unserem Herzen durch die Gefühle, die darin walten. Sie kann verglichen werden mit einem Schmetterling; aber ihre Flügel, durch die sie in die Höhe und Tiefe dringt, sind noch durch unsern Eigenwillen gebunden. Wird dieser unterdrückt, so ist sie frei. Sie ist der „Wohlgeruch des Herrn“, wenn sie seinen Willen vollbringt.

Die Seele ist im Menschen, damit sie offenbar werde und uns durch das Leben auf dieser Bußstätte führe; aber um ihres Unglaubens willen wissen viele nicht, dass sie eine Seele haben. Durch die Erkenntnis der Wahrheit wird die Seele aus der Tiefe gezogen. Der schwerste Druck, der auf ihr lastet, ist die sinnliche Fleischeslust.

Die Seele kann nur auf den Füßen stehen durch die Kraft des Wortes; sie wird sichtbar durch die Tugend, fühlbar durch die Übung, hörbar durch göttliche Gedanken und auf den Nächsten wirkend durch die Kraft der Wahrheit, die offenbar werden muss in der Nähe und Ferne. Sehen, hören, fühlen und handeln sind die Kräfte der Seele.

Die Gnade Gottes ist das Licht, das das Weltall belebt, und im Menschen ist sie das Licht, das die Seele erleuchtet. Durch die Andacht der Seele wird das geistig Tote im Menschen zum Leben erweckt. Ihre höchste Stufe ist der Glaube. Nur durch diesen kann sie in uns wirken. Sie nimmt Nahrung von unsern Gedanken und bringt sie ins Fleisch.

Die Seele kann nur durch den materiellen Gedanken an den Körper gefesselt werden. Sie ist dann seine Sklavin und ihre Offenbarung verkehrt. Die Seele des Menschen ist bei seiner Geburt das Leben. Wenn er vollen Verstand erreicht, ist sie Willensfreiheit; bei einem geistigen Menschen ist sie Gefühl, Gedanke und Wort, und bei einem vollkommenen ist sie der Herr über die Natur. Dem Menschen, der die Seele nicht mit dem Geiste verbindet, wird sie im Tode wieder entfliehen.[1)] Der Gegner der Seele ist unser materieller Gedankengeist. Wir bereiten ihr die größten Schmerzen, wenn wir ihrer Stimme nicht gehorchen. Wer ihr gehorcht, dem wird es gut gehen auf Erden.

Liebe, Hoffnung, Glaube und Erkenntnis vereinigen die Seele. Wer diese Kräfte nicht hat, der gleicht einem wilden Tiere, das sich selber zerreißt. Wir kreuzigen die Seele durch die Zweifelsucht und martern sie durch die Lüge. Glauben wir aber an ihr Wort, so verherrlichen wir sie im Inneren, und dann können wir auch Gott verherrlichen durch Taten nach außen. Bei einem Menschen, der kein Geisteswort zu denken hat, ist die Seele tot.

Die Menschen versuchen die Seele durch ihre Ungenügsamkeit. Was sie haben, ist ihren zu wenig, und sie erkennen es nicht, weil es Wahrheit ist. Was sie aber nicht haben, das möchten sie in ihrer Verkehrtheit besitzen.

Den „Sieg des Kreuzes“ über die Seele haben wir errungen, wenn selige Geister und Botschafter Gottes von Angesicht zu Angesicht mit uns sprechen können. Wir müssen alles abstreifen,

1) Leute mit intellektueller Begabung, aber ohne Seelenleben, sind heutzutage nichts Seltenes.

was von der materiellen Geburt an uns haftet. Hierbei eröffnen sich die neuen inneren Sinne im Menschen.

Aus dem Geiste des Gehorsams steigt der Glaube mächtig empor.

Töte dein Fleisch mit dem Geiste der Wahrheit.

Die Seele ist ein Leben, mit diesem müssen wir ringen. Der erste Kampf ist mit dem eigenen Körper.

Der Ausfluss der Seele ist das Zeugnis, das wir von der Gottheit geben.

Des Geistes Nahrung ist die Weisheit.

Die Freuden des Lebens sind Träume, aber die Freuden des (göttlichen) Geistes sind unvergänglich.

In der Natur ist ein Mittelpunkt, der alles an sich zieht. Dieser Mittelpunkt ist das Menschenherz, und die Kreise (Aura), die ihn umgeben, sind gebildet durch die Ausströmungen unserer Gefühle, die von den innerlichen Kräften kommen. Durch das Gedankenlicht wirkt der Mittelpunkt auf diese Kreise, und es erweitert sich das innere Leben. Das Licht Gottes (die Weisheit) ist das Leben der Seele. Seine Liebe ist so groß als seine Weisheit: Niemand kann sie erfassen. Seine Gnade durchströmt alle Glieder.

Durch unsere Liebe wirken wir auf das Innere, und frei von unserem Willen wirkt dieser Geist auf unseren Körper ein.

Der Grund, auf dem die Seele steht, sind die Geistesgaben, die sie empfangen hat.

Der Schatten der freien Seele ist lauteres Licht. Ihr Verlangen ist, das Tote zu erwecken und Übel zu beseitigen durch die Kraft der Erkenntnis.

Wer die Wahrheit in sich erkennt, der streut einen Samen aus, der tausendfältige Früchte trägt.

Wer den wahren Glauben hat, der hat auch Hellsehen, denn es kommt aus demselben hervor. Das Hellsehen verklärt den Gedanken. „Verklärung“ heißt die Wahrheit erkennen. Des Menschen Vorahnungen nach dem Geiste sind ein innerliches Wissen ohne Hellsehen.

Die wahren innerlichen Gefühle aber kommen aus dem Worte Gottes, das erkannt wird durch den Verstand.

Viele Schwachheiten führen am Ende zu großer Kraft; viele Leiden krönen des Menschen Haupt.

Der innere Sinn des Menschen ist eine Offenbarung, deren Quelle die Gottheit ist und die zur Vollkommenheit führt. Am besten nimmt man den inneren Sinn wahr im Lauschen heiliger Gefühle, d. h. stille sein in sich selbst und im Glauben leben, dass Gott mit uns ist, in allem, was wir tun. Durch die Übung im Guten wird dieser innere Sinn in seinem Wachstum gefördert. Es ist der neugeborene Geistmensch, der sich in uns zu offenbaren strebt.

Sterben ist sich verwandeln, d. h. von einem Zustande in einen andern übergehen.

Das Äußere ist das Leben, das innere Licht und das Innerste die Liebe. Das geistige Ich bringt durch die Kräfte, die es umfassen, seine Offenbarungen hervor.

Der Mensch soll in sein eigenes Innere schauen, wie durch ein feines „Glas“, das er in sich haben soll. Ohne dieses sieht er nur grobe Abdrücke von Bildern. Nur durch das Abstreifen der Leidenschaften kann das Gefühl für das Wahre verfeinert werden.

Der Mittelpunkt der ganzen Natur ist Gottes sichtbare Wahrheit.

Die Liebe Gottes kann kein Mensch „verdienen“; sie ist eine Gnadengabe aus der Güte des Herrn.

Das Ziel des Menschen ist, seine Seele aus den Banden des Fleisches zu erheben, damit er ein wahres Kind des ewigen Vaters werde.

Die geistige Willenskraft im Menschen ist ein innerlicher Trieb, und dieser Trieb ist die Liebe. Er hat seinen Sitz im Gefühle. Nur durch diesen Trieb können wir den Weg der Wiedergeburt gehen.

Der Glaube ist eine geheime und unsichtbare Kraft. Sein wirkendes Leben sind die Leiden, die Demut und die Geduld.

Die, die verklärt worden sind durch die Reinigung, tragen „weiße Gewänder", d. h., niedrige Gedanken können in ihnen nicht mehr wirksam sein.

Der wahre Geisteswillen ist die Liebe, und diese führt uns zum Ziel. Durch das Feuer der Liebe zu Gott wird die Seele zur Kraft im Fleisch, und das Wort wird Fleisch durch Seelenleben. Das Leben der Seele im Körper ist der Gottesgedanke, die Seele selbst das Gefühl. Durch den Gedanken, der dem Herzen entspringt, betet man mit der Seele zu Gott.

Das Menschenherz ist erst dann ein wahrer Tempel Gottes, wenn wir Kinder Gottes geworden sind.

Die Wiedergeburt der Seele offenbart sich durch die Eröffnung der inneren Sinne, d. h. durch göttliches Schauen, göttliches Hören, Fühlen, Riechen und Schmecken. Man kann durch die Seele das Äußerste vollbringen, wenn man mit dem ganzen Gefühlsleben auf das wirkt, was man vollbringen will.

Wer recht denken will, muss mit ganzer Seele das suchen und erkennen lernen, was er denken will. Wer aufwärtssteigen will, muss gerecht sein in sich selbst.

In der Höhe lebt die Demut gegen Gott.

Die Grundfeste der Wahrheit ist ihre Erkenntnis; ihre Frucht ist die Gotteserkenntnis. Der Spiegel der Wahrheit ist die Seele in ihrer Offenbarung. Wahrheit ist Wirklichkeit. Wahr ist alles, was wirklich ist.

In der Wahrheit liegt der Same der Weisheit, in der Weisheit der Same zur Liebe, in der Liebe der Same zur Freiheit. Der Wahrheit Atem ist die Kraft Gottes.

Unter „Entsagung der weltlichen Freuden" versteht man demütig sein gegen Gott und zufrieden mit dem materiellen Lose, das uns bestimmt ist.

Schweigen und warten ist mehr wert, als schnell reden und handeln. Wer klug sein will in seinen Reden, bei dem ist die Dummheit immer der Mittelpunkt.

Von außen so schön und im Inneren so leer! Mann von der Welt, was willst du noch mehr?

Wer die Ungerechtigkeit der Welt mit Geduld ertragen kann, der wird geehrt im Himmel und gesucht von den Menschen auf Erden.

Die Hoffnung ist noch nie zu Schanden geworden, es sei denn, dass man sich selber betrogen hat.

Der Ungläubige ist an die Hölle gebunden. Was ihn hinabzieht, ist der Tod für das Göttliche.

Man lebt im Inneren dadurch, dass man Gottes Wort in sich hört.

Das Gebet, das am meisten stärkt, ist im Glauben bleiben und darin leben.

Der Mensch wird wieder natürlich dadurch, dass er sich selbst wieder erkennt.

Der Gehorsam hebt uns zum höchsten Himmel, und die Gerechtigkeit hebt uns von der Erde empor.

In der wahren Buße sind wir, wenn wir Freude und Leichtigkeit in uns fühlen.

Das wahre Geistesleben entspringt dadurch, dass man sich selbst zum Opfer bringt.

Im Natürlichen ist das Geistige eine unsichtbar wirkende Kraft, und im Geistigen ist das Natürliche die Offenbarung unserer fünf Sinne.

Die Weisheit ist die Offenbarung der Wahrheit.

Ein „Heiliger“ ist der, der seinem Glauben gemäß lebt.

Man „nimmt dem Tod seinen Stachel“ durch die Gnade Gottes.

Der Schlüssel zum Evangelium ist der Heilige Geist.

Der Schlüssel zur Gerechtigkeit ist die Liebe. Nur der Gerechte kann Gott in Wahrheit lieben.

Geistige Demut ist Begierdenlosigkeit, d. h. Zufriedenheit mit dem, was wir haben, im Geistigen und Materiellen. Sie ist auch der Schlüssel zur Bußfertigkeit.

Man ehrt Gott durch seine Erkenntnis und das eigene Leben durch die Handlungen, die man vollbringt, den Nächsten aber dadurch, dass man ihm seine Fehler vergibt.

Der Wille des Menschen wohnt in seiner Vernunft. Der Herr des Willens ist das Gute oder Böse an sich selbst; der Leiter des Willens ist der Mensch selber.

Reinheit ist Unschuld. Nur der lebt in der Reinheit, der sich selbst zum Opfer bringen kann.

Unsere Leidenschaften sind das bewegende Leben in uns.

Der Mensch ist insofern frei, als die Erlösung in ihm selber liegt und er davon Gebrauch machen kann, wenn er will. Es hält ihn nichts anderes als sein eigener Unglaube gefangen.

Der Mensch fängt erst zu leben an im Gebären seiner selbst.

Für den Menschen, der sich selber in Wahrheit erkennt, hat alles Weltliche keinen wirklichen Wert. Wir sollen alles lassen, was finster ist.

Das größte Recht wird dem zuteil, der sich selbst zum Opfer bringt.

Die große Heerstraße ist die Liebe, d. h. die Entsagung.

Die wahre Liebe ist nicht das Begehren, sondern das Sein. Man gelangt zu ihm durch die Selbstlosigkeit.

In der Wahrheit ist die Liebe, in der Liebe das Leben, im Leben das Licht. Das ist das Licht, von dem wir zeugen.

Die Macht hört dort auf, wo die Gewalt anfängt.

Der Zweck des Daseins ist, dass man zur wahren Erkenntnis und Freiheit gelangt.

Nur das, was wir selbst erkennen, ist unser Eigentum.

Durch die Selbsterkenntnis besiegt man den Tod.

Des Menschen Freiheit liegt nicht in seinen Gedanken, sondern in seinen Handlungen.

Das wahre Sein ist die Unsterblichkeit. Das wahre Selbstbewusstsein entspringt dort, wo wir die Macht Gottes und seine Offenbarung in uns erkennen.